現金資産
1億円超えへの道のり

福岡不動産投資という選択肢

FUKUOKA

株式会社グリード代表取締役
齋藤隆行

現代書林

はじめに

「不動産投資で成功できるかどうかは『立地』がすべてです」

当社主催の不動産投資のセミナーにおいて、私はこの言葉をよく口にします。判断要素は他にもありますが、何より重要なのは投資する不動産の立地であると断言できます。立地の良し悪しが不動産投資の成功を大きく左右するのです。

不動産投資は資産形成の手段として知られています。会社員でも取り組むことができ、いまやサラリーマン大家も珍しくありません。

不動産投資では2つの収入源、「インカムゲイン」と「キャピタルゲイン」を得ることができます。

インカムゲインは、所有する不動産（アパートやマンションなど）を人に貸すことで得られる運用益のこと。すなわち「家賃収入」を指します。

キャピタルゲインは、所有する不動産を売ることで得られる「売却益」のこと。土地や建物を売った価格が、購入時の価格より値上がりしていたときに手にできるものです。

不動産投資は長期の資産形成を基本とします。そのためインカムゲインを主体に毎月安定した収益を目指すのが大前提です。家賃収入の長期的な確保を狙い、資産をコツコツ積み上げていくのです。

一方、長い目で見て不動産の売却を視野に入れます。タイミングを見計らって売却し、手元資金を作るなどの策を講じるのも大切だからです。いまはバブル期と違ってキャピタルゲインを狙える市況ではありませんが、購入価格より資産価値を下げないことを第一に考え、売却益を得られたら御の字というスタンスで臨めばいいでしょう。

家賃収入と売却益。

この両輪での勝負のカギを握るのが、立地に他なりません。

では、勝てる立地はどこなのか。その答えをお伝えしましょう。

「不動産投資をするなら、『福岡』の不動産で決まり！」

私たちはそう強く考えています。
なぜか。理由は本書で詳しく説明しますが、次の2つのデータだけを見てもそう判断することができます。

①政令指定都市の中で人口増加率が全国1位
②8年連続地価上昇。上昇率は東京圏を上回る

どちらも福岡市のデータです。福岡県の県庁所在地であり、九州地方の経済・産業・交通・行政の中心地。人口160万人超に及ぶ福岡市は「日本の中でもっとも活気のある地方都市」と言われています。
①の情報は家賃収入と密接に関係します。家賃収入をもたらすのは人だからです。

人口が増加するエリアに不動産を持てば、賃貸需要が望めて安定した家賃収入を得られることにつながります。

福岡市は該当エリアの筆頭に位置付けられ、２０１５年の国勢調査（5年に1回の調査）で人口増加率が全国ナンバー1となりました。増加率5・12％は東京をも上回る数値でした。

加えて、人口増加の内訳をみると中心は若者です。日本全体は少子高齢化が加速して人口減に見舞われている中、福岡市では10代20代の若者の人口が増え続けているのは大きな魅力でしょう。

②の情報は売却益と密接に関係します。地価の上昇なくして売却益は得られません。したがって地価が上がるエリアで不動産を持てば、資産価値を下げずにすみ、売却益をつかめる可能性も出てくるということです。

福岡市は該当エリアの最有力に挙げられ、２０１３年から２０２０年まで8年連続で公示地価が上昇を続けています。

２０２０年3月に発表された公示地価では、福岡を含む地方4市（他は札幌、仙台、

いまは先行き不透明な時代です。日々の生活はもちろん、老後の生活に不安を感じている人も多いのではないでしょうか。

私は、30代40代から不動産投資を始めれば、家賃収入によって日々の生活の不安を解消し、60代70代のときに「1億円の現金資産を築き上げることができる」と考えています。

ただしそれは、福岡の不動産だからこそ実現できる道です。

もう一度言います。

「不動産投資で成功できるかどうかは『立地』がすべてです」

そして、

「不動産投資をするなら、『福岡』で決まり！」

本書では、福岡の魅力をはじめ、当社だけが知る福岡での不動産投資事情、勝つための戦略などを余すところなく紹介します。

福岡に土地勘がない方や不動産投資初心者の方でもご安心ください。福岡の立地は地図を併記するなどし、不動産投資については平易な言葉で説明するようにしました。

福岡の不動産投資本はおそらく本書が日本初でしょう。

あまり知られていない福岡の不動産投資の世界をご案内します！

２０２０年10月

株式会社グリード　代表取締役　齋藤隆行

Fukuoka

現金資産1億円超え への道のり　目次

第1章　資産形成としての不動産投資の魅力

Fukuoka

第2章　福岡が不動産投資で圧倒的に有利な理由

第3章　福岡「勝てる立地、賢い戦略」

Fukuoka

第4章「入居率98・6%」の管理・損なしの売却

第5章　福岡不動産投資成功事例&アパート経営収支シミュレーション

第1章

資産形成としての不動産投資の魅力

自己資金なしでもできるのは不動産投資だけ

家賃収入を得られる投資用の不動産を「収益物件」と呼びます。

不動産投資を始めたい人は、福岡の収益物件にぜひ目を向けてください。「はじめに」で少し述べたように、福岡は不動産投資の成功要素を多数備えているからです。その魅力を説明する前に、不動産投資自体の魅力や、覚えておくべき基礎知識をお伝えします。


資産形成の手段は、不動産投資に限りません。株、ＦＸ（外国為替証拠金取引）、仮想通貨など、不動産以外にも投資先はさまざまあります。

ただ、株、ＦＸ、仮想通貨への投資と、不動産投資には、決定的な違いがあるのをご存じでしょうか？

答えは、自己資金を必要とするか否かです。

株、ＦＸ、仮想通貨に投資する場合は、基本的に自己資金を必要とします。ですか

ら自己資金を用意できなければ、投資を始められません。

一方、不動産投資の場合は、必ずしも自己資金を必要としないのです。投資する物件や個人の属性にもよりますが、金融機関から融資を受けて購入資金をすべて賄えるため、手持ち資金ゼロでも投資を始めることが可能となります。

金融機関からの融資、言い換えれば「他人のお金」を使って資産形成ができる手段は不動産投資のみです。他人のお金を元手に不動産に投資して、家賃収入を得られるのです。

かたや株でもＦＸでも仮想通貨でも、金融機関が投資資金を貸してくれることはありません。給料の一部や貯金など「自分のお金」を使って投資するわけです。

また、不動産投資の場合は、物件の管理（入居者とのやり取りなど）も自分で行う必要はありません。不動産会社がその役割を担ってくれるため、極端な話、ほったらかしでもＯＫ。会社員と両立しながら、毎月安定した家賃収入を得られるのです。

「不動産投資はお金持ちしかできないのでは……」と思っている人も少なくないと思います。でも、それは誤解です。資産家に限られるわけではないですし、土地を持っていなければできないわけでもありません。平均レベルの年収以上の会社員なら、不動産投資の扉は開かれています。

まとめると、

・自己資金は必ずしも必要なし。土地も必要なし。金融機関から融資を受けて収益物件を購入し、資産構築できる

・物件の管理は不動産会社にお任せでＯＫ。運営の手間なく毎月の家賃収入を得ることができる

となります。

これが不動産投資の利点であり、最大の魅力といえるでしょう。

Fukuoka

借金＝悪ではない。「良い借金」「悪い借金」がある

金融機関からの融資はいわば借金です。この借金にマイナスイメージを持つ人は多いと思います。当社で主催する不動産投資セミナーの参加者でも、借金を恐いと感じている人が少なくありません。

確かに、借金がマイナス要素を持つのは事実です。

しかし、借金には「良い借金」と「悪い借金」があります。借りたお金を何に投じるのか、その使い道によってどちらか決まります。

良い借金とは、お金を生み出すモノに資金を投じるための借金です。一時的に借金を背負ったとしても、モノが生み出すお金によってマイナスのままでは終わりません。やがてプラスに転じて大きな資産となります。

一方、悪い借金とはまったく逆。お金を生み出さないモノに資金を投じるための借

金です。投じたお金は回収できず、マイナスの資産だけが残ります。

簡単に言えば、良い借金の使い道は「投資」、悪い借金の使い道は「浪費」ということです。


不動産投資の借金はどちらに該当するのか。もはや言うまでもないでしょう。金融機関から融資を受けて投資した不動産は、家賃収入をもたらします。家賃収入の一部を借金の返済にあて、残りは貯蓄に回すことができ、長期的には借金が減っていく中で不動産の売却、もしくは借金返済後に売却という選択が可能です。

不動産投資はこのような取引を重ねて資産を拡大していくことができるのです。

そのための「良い借金」であれば、恐れる必要はないのではないでしょうか。

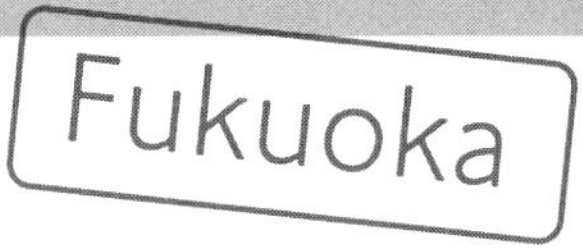

表面利回りと実質利回り

不動産投資では、高い利回りを期待できるのも魅力のひとつです。投資する物件にもよりますが、10％以上の高利回りが望めるのは珍しいことではありません。

利回りは物件の収益性を測る指標です。

ここで、利回りの計算方法を紹介しましょう。

不動産サイトや物件資料などで提示されている利回りの多くは、「表面利回り」と呼ばれるものです。

計算式は、

・年間の家賃収入÷物件の取得価格×１００＝表面利回り（％）

となります。

たとえば、年間の家賃収入が３００万円、物件の取得価格が３０００万円だとした

ら、表面利回り10％。年間の家賃収入は満室想定です。

表面利回りとは別に、「実質利回り」と呼ばれるものもあります。

計算式は、

・（年間の家賃収入－年間の支出）÷物件の取得価格×１００＝実質利回り（％）

となります。

年間の支出に該当するのは、固定資産税、都市計画税、火災保険料、管理費および修繕費など。実質利回りのほうがより正確な収益力を判断できます。ただ、購入時の段階で年間の支出額は大抵わからないため、使い勝手が悪いのが正直なところです。判断指標とすべきは表面利回りです。実際、表面利回りのほうが多く使われ、計算も簡単なので、物件ごとの数値を比較し検討しましょう。

利回りは高ければ高いほど魅力的に見えます。ただし、利回りだけで良し悪しを判断するのは危険です。

利回りはあくまで満室想定の数値なので、賃貸需要を望めるのか、空室を埋めるのが可能なのかなども含めて見極めなければなりません。

キャッシュフロー

利回りとともにもうひとつ大事な指標が「キャッシュフロー（略称ＣＦ）」です。

ビジネス用語であるキャッシュフローは、企業経営において重視される指標で、収入から支出を差し引いて手元に残るお金の流れを意味します。中小企業に多いケースとして、売上が上がっても入金なしで一時的に支出が増えるとキャッシュフローはマイナスに陥り、〝黒字倒産〟ということになりかねません。

これと同様に、不動産投資＝賃貸経営でも、キャッシュフローが出るかどうかが非常に重要になります。

不動産投資の世界でいうキャッシュフローは、家賃収入から経費と銀行へのローン返済を差し引いて手元に残るお金の流れを指します。

満室時に想定できるキャッシュフローを計算式で表すと次の通りです。

・満室時の家賃収入－運営コスト－銀行ローン返済額＝キャッシュフロー

運営コストには共用部の水道光熱費や清掃費用をはじめ、固定資産税、都市計画税、管理費および修繕費、エレベーターなどのメンテナンス料などが該当します。

本来は、ここから税金（所得税など）を差し引き、最終的に手元に残る税引き後のキャッシュフローを導き出しますが、適用される税率が人によって異なるため、不動産投資では税引き前のキャッシュフローを扱うケースが一般的です。

キャッシュフローが多く出て、手元に残る現金が多いのは優良物件といえます。逆にキャッシュフローがわずかしか出ず、手元に現金が残らないのはハズレ物件といえます。ですから、キャッシュフローは賃貸経営の要であり、生命線となるのです。

また、キャッシュフローは投資のスピードや資産の拡大に関係してきます。キャッシュフローが良好であるほど、投資スピードは加速し、資産拡大に拍車がかかっていくのです。

たとえば、キャッシュフローが年100万円の物件に投資したら、5年で500万円の資金を作れます（税額は決済ごとに変動するため、ここでは一旦除外）。同時に賃貸経営の収支は良くなり、銀行の評価も上がります。すると500万円を次の物件購入の頭金にあてられたり、銀行の融資を引き出しやすくなるのです。

この要領で次の物件、次の物件と投資スピードは上がっていき、資産を増やしていくことができます。

仮に、キャッシュフローが年50万円の物件に投資したらどうなっていたでしょうか。作れる資金は5年で250万円と半分。収支に対する銀行の評価も半分。投資スピードや資産拡大の歩みは明らかに鈍化するでしょう。

キャッシュフローの数値は物件選択の際、業者がシミュレーションをして提示してきます。数字を見て、賃貸経営がうまく回るかどうかを判断してください。

ただし、業者によっては甘い見積もりをしているところもあります。見積もりにある数字を鵜呑みにせず、内容を精査して、できれば自分でキャッシュフローを計算してみることも大切です。

新築ワンルームマンション投資は やってはいけない

　これまで不動産投資とひと口に言ってきましたが、手法はさまざまです。ワンルーム（区分マンション）への投資をはじめ、一棟物のアパートやマンションへの投資など、多くのやり方が存在します。また、新築に投資するか中古に投資するかということも考えねばなりません。

　不動産投資初心者の場合、手法の選択に頭を悩ますところでしょう。

　その際、選択すべきではない手法もあります。数ある手法の中で唯一おススメできないやり方が、新築ワンルームマンション投資です。

　理由ははっきりしています。キャッシュフローが出にくい投資手法だからです。もっというと、キャッシュフローが赤字となる場合が少なくないのです。

　投資対象となる新築ワンルームは、東京や大阪など大きな都市の好立地エリアに建

てられているケースがほとんどです。

立地の良さから賃貸需要は文句なし。新築なので金融機関からの融資を引きやすく、一棟物のアパートやマンションに比べると価格も安い。そんな見立てから、投資初心者のサラリーマンでも手軽に始められそうだと思ってしまうのですが、いざやってみると落とし穴が待っています。

一番のネックは、利回りが極端に低いことです。

大都市圏の新築ワンルームの利回りは5～6％台。となると、家賃収入から銀行へのローン返済、管理費や修繕費などを差し引くと収支はプラスにならず、マイナスになってしまうのです。

私が見聞きしたケースでは、毎月2～3万円程度の赤字となり、自身で支払っているというサラリーマン投資家さんが何人かいました。

では、なぜ赤字にもかかわらず、新築ワンルームマンション投資に取り組む人がいるのか。それは物件を売る業者のセールストークでもあるのですが、「生命保険や年金の代わりになる」「節税になる」というのを真に受けてしまっているからです。

保険、年金、節税と言われると魅力に感じますが、正直、赤字の受け入れに見合うものではないでしょう。また、その役割や効果にも疑問符がつきます。

したがって、おススメとは言えません。

中古ワンルームの場合は、割安な価格で売られている物件もあるため、新築よりは高い利回りを望めます。

しかし、新築に比べて金融機関の審査が厳しかったり、融資を受けられる期間が短くなったりしてしまうのがネックです。それよって収支の悪化を招くのです。

ですから中古ワンルームでは立地の選定、融資の条件や収支バランスなどを見極めるのが必要不可欠になります。

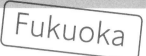

マンションVSアパート、新築VS中古

一棟物のアパートやマンションへの投資はどうでしょうか。新築、中古の観点も踏まえて考えてみましょう。

アパートとマンションの価格を比較すると、アパートのほうが安くなります。立地にもよりますが、アパートは一棟数千万円のものが中心で、マンションのほうは一棟数千万円以上から億単位のものまであります。

アパートとマンションでは建物の構造が異なり、アパートは木造、マンションは主に鉄骨造や鉄筋コンクリート造（略称ＲＣ）です。

建物の構造は金融機関からの融資に関係します。構造ごとに法定耐用年数が決められていて、その年数がローン期間の目安とされます。

一棟アパートは木造なので法定耐用年数22年。ローン期間の目安は新築で22年ということです。中古の場合は法定耐用年数から築年数を引いた期間が適用され、築10年

なら「22年引く10年」で12年です。

一方、一棟マンションの法定耐用年数は鉄骨造が34年、RCが47年。ローン期間の目安は新築でそれぞれ30年以上ということです。中古の場合の捉え方は木造と同じです。


一棟マンション投資は物件価格が高額となるものの、法定耐用年数の長さから長期のローンを組めるため、十分なキャッシュフローを狙えます。中古でも同様に長期のローンを望めます。したがって、順調に運営できれば、毎月給料以上のキャッシュフローを得ることも可能です。

ただし、不動産投資初心者がいきなり一棟マンション投資に挑むのは、ハードルが高いと言わざるを得ません。なぜなら、不動産投資手法の中で難易度が高く、リスクも高い。物件規模の大きさから、設備やその管理費も高い。さらに物件の価値を維持していくための修繕費も高くなるからです。

一棟マンション投資はある程度の経験を積み、資金を蓄えてから臨むのが正解といえるでしょう。

＝主な住居の法定耐用年数＝

構造	耐用年数（年）
木造・合成樹脂造	22
木骨モルタル造	20
鉄骨鉄筋コンクリート造・鉄筋コンクリート造（SRC・RC）	47
れんが造・石造・ブロック造	38
金属造（鉄骨造）	
骨格材の肉厚が4mmを超えるもの	34
3mmを超え、4mm以下のもの	27
3mm以下のもの	19

出典：国税庁ホームページの資料を元に作成

対して一棟アパート投資は物件価格が安く、設備費や管理費も安くすみます。中古だと早々に修繕費を見積もらないといけないですが、新築なら大規模修繕（外壁や屋根の塗装など）は15年ないし20年に1回のレベルです。

しかし、木造ということで法定耐用年数は鉄骨造やRCのマンションより短くなります。中古は築年数がマイナスされるので、もっと短くなります。

とはいえ新築の場合、高い入居率と安定した家賃収入を望めるため、立地が良ければフルローン（自己資金なしですべて金融機関からの融資で調達できるローンのこと）も可能です。物件の構造によっては法定耐用年数の22年を超えた長期のローンも可能となり、十分なキャッシュフローを狙えます。

そして何より、新築であれば不動産投資手法の中で難易度、リスクともに低く、初心者向きといえるわけです。

以上の話を踏まえると、マンションよりアパート、中古より新築が望ましいことがわかり、初心者におススメなのは新築一棟アパート投資（以下新築アパート投資）と判断できます。

Fukuoka

大都市VS地方

不動産投資を始める候補地として、東京や大阪などの大都市圏に目を向ける人は多いと思います。一番の理由は人が集まり、賃貸需要を望めるからでしょう。

一方、地方は総じて人口減少が著しく、対象エリアから除外されがちです。はたしてこの考え方は正しいのか。「大都市VS地方」の賃貸経営の現実を知っておいてください。

大都市圏で新築のアパートを建てたとします。大都市圏は土地の値段が高いため、狭小の土地を選び、部屋数を多くとり、高い家賃を設定して利回りを上げるやり方が好まれます。

となると各部屋も狭くなり、単身者向けとなるワンルームの広さは15㎡前後やそれ以下が通例です。

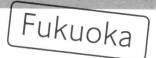

狭い部屋だと入居者に長く住んでもらえる可能性は低くなります。ましてターゲットとする学生や若い社会人の場合、大抵腰を落ち着けてくれません。好立地で短期的な賃貸需要は望めても入居者の入れ替わりが激しいため、その都度部屋の原状回復や入居者募集などの費用を必要とするのです。

また、大都市圏では新しいアパートが次々と建てられるため、近隣の競合物件との争いも避けられません。

結果、うまく回せるのは最初の2年3年程度で、次第に空室を埋められなくなっていき、賃貸経営が立ち行かなくなってしまうでしょう。

地方に新築のアパートを建てた場合はどうか。大都市圏に比べれば土地の値段は安いため、狭小地で無理やり利回りを上げる戦略をとる必要はありません。

地方では十分な土地に、ゆとりある部屋を適正な数で確保できます。そのため、カップルやＤＩＮＫｓ（共働きで子どもを意識的に作らない、持たない夫婦）向けに1部屋30㎡以上の広さをとることが可能です。

すると入居者に長く住んでもらえて家賃収入は安定します。その間、部屋の原状回復や入居者募集などの費用を必要としません。

ただし地方の場合、人口減少が心配されるのは事実です。エリアによってはハズレを引くこともあるでしょう。

ですから、地方でも勝てるエリアを選ぶのは絶対です。

私たちは「福岡」が勝てるエリアだと考えています。候補地は他にも挙げられますが、不動産投資の成功要素を多数備え、成長のポテンシャルを持つエリアとしてはナンバー１といえます。

その福岡で当社が提案およびサポートするのは、前述した「新築アパート投資」です。圧倒的な土地勘を強みに土地を仕入れ、木造アパートの建設からリーシングサポートまでワンストップで取り組んでいます。

初心者おススメの新築アパート投資 3つの特徴

不動産投資初心者には新築アパート投資がおススメです。私たちの会社を通じて、その第一歩を踏み出した人たちもたくさんいます。

私たちが考える新築アパート投資の特徴を、ここで改めて紹介します。

大きくは次の3つです。

1　ローリスク・ロングリターンの堅実投資

不動産投資は株やＦＸなどの投資と違って短期的な値動きが少なく、景気の好不況にもそれほど左右されません。したがって、長期的に安定した収益を望むことができます。中でも新築アパート投資は、長い期間安定した家賃収入を見込める堅実な資産運用法といえます。

2　立地を選べる

新築アパート投資は「土地を選ぶ」ところから始まります。すでにある物件に投資するのではなく、土地から選べるのが大きなポイントになります。何度も述べてきたように、不動産投資でもっとも重要なファクターは「立地」です。長く賃貸需要が望める立地を見極め、そこでアパート経営をすれば自ずと成功につながります。

3　担保力が高く、ローンが組みやすい

金融機関は不動産投資などの融資を行う際、借り手が返済困難となったときに備え、不動産を担保として設定するのが一般的です。対象の不動産に担保としての価値があるかどうか評価することを「担保評価」と言い、担保評価によって融資額や金利を決定します。新築物件の担保評価は中古物件に比べて高く、結果として借入金額を多く見込めてフルローンも可能となり、低い金利の適用も望めるのです。

ゴール設定不可欠、目標と目的意識を持て

ここまで、不動産投資の魅力と基礎知識を述べ、おススメ手法である新築アパート投資について説明しました。不動産投資への興味関心が高まり、お金の不安を解消すべく、資産作りにチャレンジしたいと感じた人が多いと思います。

そういった意欲を持つのは素晴らしいことです。投資に限らず、何事にも前向きな姿勢は必要不可欠です。

ただし、単にお金を得たいというだけで突き進むのは好ましくありません。そういった漠然とした気持ちで不動産投資に挑んでも、成功は遠のくばかりです。

「いつまでに、いくらの資産を作りたいのか？」

ゴールを明確に設定することが成功要件のひとつであると、当社開催のセミナーでも私はいつも述べています。

そのために大切なこととして、

・自分の最高の人生をイメージすること
・良い人生を過ごすために計画を立てる

の２つが挙げられます。

たとえば、「60歳でリタイアし、年１０００万円の不動産収入だけで暮らすシニアライフ」を思い描き、60歳で実現したい夢として「世界一周旅行」をイメージしたとします。すると、

・所有不動産３物件
・月額家賃収入87万円

という計画が導き出されます。

また、「40歳で世帯年収2000万円以上、給与＋不動産収入で賢い生活」を思い描き、40歳で実現したい夢として「家族でハワイ旅行」をイメージしたとします。

すると、

・所有不動産3物件
・月額家賃収入152万円
・年収6000万円

という計画が導き出されます。

「お金を得たい、そのために不動産投資を」とする漠然とした動機では、知識や情報を集めてもいわゆるノウハウコレクターで終わり、行動に移せません。これでは勉強したことがムダになってしまいます。

まずは不動産投資を手段とした明確な目標（ゴール）や目的意識（夢やマインド）を持つこと。それによりゴールや夢実現に向けた計画が立てられ、人は行動を起こすようになるのです。

Fukuoka

65歳で現金1億円を目指す道のり

本書では「65歳で1億円の現金資産」を築くことを目標に掲げています。1億円を手にしてから実現したい夢は読者の皆さんそれぞれで描いてください。

「1億円の現金資産なんて本当に築けるの？」と思う人もいるでしょう。
単に不動産投資を始めることで実現できるわけではありません。福岡の不動産、新築アパート投資で実現できる道です。そのロードマップを紹介しましょう。

「ステップ１」

↓30歳から福岡で新築アパート投資開始

「ステップ２」

↓初年からの5年間は2棟のアパートを建設。６年目から銀行の信用もついてくるので、年１～２棟のアパート建設に加速

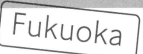

「ステップ3」
↓40歳時に10棟のアパートオーナーに
「ステップ4」
↓新築アパート経営で安定収益を得ながら、ローン返済を進める。この時期に借金が減り、資産価値が人口増加とともに上昇
「ステップ5」
↓60歳時に10棟すべてのローンを完済
「ステップ6」
↓60歳から物件売却。一棟最低1000万円の売却益に
「ステップ7」
↓65歳までにすべて売却し、1億円のキャッシュを達成!

これは基本モデルです。30歳でスタートすれば、65歳までに1億円のゴールに到達します。

40歳でスタートした場合はゴールが75歳。45歳までにスタートすれば80歳までに

ゴールに到達します。

人生１００年時代を迎え、リタイア後の生活は長くなるばかりです。福岡での不動産投資を軸に、第二の人生を有意義に過ごすことを考えてみてはいかがでしょうか。

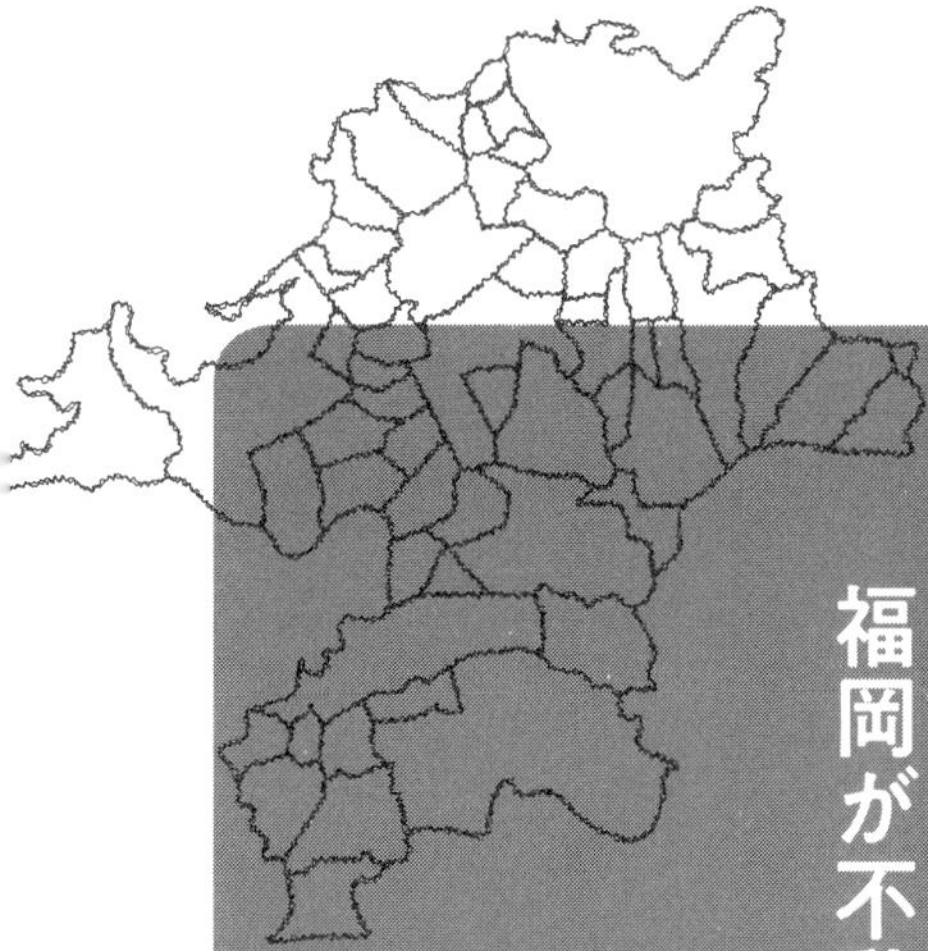

第2章

福岡が不動産投資で圧倒的に有利な理由

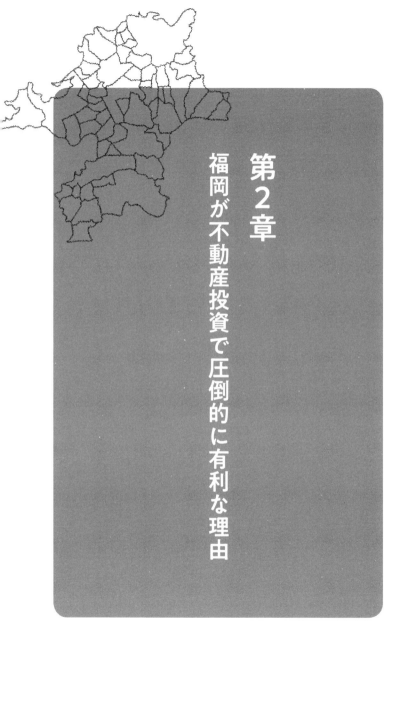

Fukuoka

人口増加率全国ナンバー1

なぜ福岡が不動産投資に適しているのか。当然ながら、それには確固たる理由があります。福岡の魅力、ポテンシャルを知れば、自ずと納得いただけるはずです。

この章では、その裏付けとなる各種データを提示しつつ、「福岡が不動産投資で圧倒的に有利な理由」を詳しく説明していきます。

あわせて、福岡のことを知り尽くす当社の強み、福岡の不動産投資最新事情についてもお話ししたいと思います。

まずは福岡の魅力、ポテンシャルから。

第一は人口増加が挙げられます。

不動産投資、賃貸経営の要は家賃収入を安定して得られるかどうかです。家賃収入は人がもたらし、人が多いほど賃貸需要を望めます。したがって、人口が増加するエ

＝主要都市の人口動向＝

	都市名	法定人口	増減数	増減率
0	東京特別区部	9,272,740	327,045	3.66%
1	神奈川県横浜市	3,724,844	36,071	0.98%
2	大阪府大阪市	2,691,185	25,871	0.97%
3	愛知県名古屋市	2,295,638	31,744	1.40%
4	北海道札幌市	1,952,356	38,811	2.03%
5	福岡県福岡市	1,538,681	74,938	5.12%
6	兵庫県神戸市	1,537,272	-6,928	-0.45%
7	神奈川県川崎市	1,475,213	49,701	3.49%
8	京都府京都市	1,475,183	1,168	0.08%
9	埼玉県さいたま市	1,263,979	41,545	3.40%
10	広島県広島市	1,194,034	20,191	1.72%

出典：総務省統計局「2015年国勢調査」をもとに作成

リアに不動産を持てば、安定した家賃収入を得られることにつながるのです。

注目すべきは福岡市。人口が激しい勢いで増加しています。

２０１５年に行われた国勢調査で福岡市は神戸市、京都市を抜き、人口において５大都市（第５位にランクイン）の仲間入りを果たしました。

人口増加率は前回（２０１０年）との比較で５・１２％を記録し、全国１位になっています。この数値は東京都（３・７％）をも上回るものです。

人口増加数は７万４９３８人にのぼり、政令指定都市の中でナンバー１。

第2位の川崎市（神奈川県）は4万9701人、第3位のさいたま市（埼玉県）は4万1545人の増加と続くことから、福岡市が他都市に大差をつけていることがわかります。

加えて、福岡市は「若者人口」の多さが際立っています。人口（2015年当時）に占める10代20代の割合が22・05％と高く、政令指定都市の中でナンバー1となっています。

若者を中心とした人口増加は都市の成長、経済の活性化につながり、賃貸経営にとってもプラス材料です。

また、若者が集まる都市には、企業が労働力を求めて集まってきます。すでにその動きは見られ、後述しますが、福岡市は開業率でも全国1位。企業の集結によって発展を続けているのです。

＝政令指定都市の若者の割合＝

	都市名	10～29歳の人口（人）	10～29歳の割合（%）
1	福岡市	332,716	22.05
2	仙台市	228,826	22.03
3	京都市	310,494	21.72
4	岡山市	151,127	21.36
5	川崎市	305,761	21.28
6	熊本市	154,304	21.03
7	相模原市	147,265	20.60
8	さいたま市	255,878	20.50
9	名古屋市	455,530	20.18
10	広島市	236,380	20.10
11	大阪市	525,664	19.86
12	横浜市	732,238	19.78
13	千葉市	186,303	19.45
14	札幌市	373,089	19.23
15	堺市	160,183	19.23
16	神戸市	290,696	19.14
17	新潟市	153,770	19.12
18	浜松市	147,753	18.72
19	北九州市	174,615	18.46
20	静岡市	126,962	18.11

出典：Fukuoka Facts「若者（10 代・20 代）の割合　政令指定都市比較」
資料元は 『平成 27 年国勢調査』 より
※人口は、国勢調査の基準日である平成 27 年 10 月 1 日現在のもので、年齢不詳を除く

住みやすさの要因

人口増加の背景には、福岡という都市の住みやすさが関係しているのだと思います。要因のひとつが、「コンパクトシティ」と呼ばれる都市の在り方です。

コンパクトシティとは、住宅、オフィス、商業、行政、病院など、生活に必要な機能を都市の中心部に集めた街づくりを指します。文字通り、コンパクトなシティとすることで、そこに住む人々は効率的な暮らしを実現できるのです。

福岡市は博多、天神付近を中心にコンパクトシティ化が進んでいます。それによって職住接近が叶い、通勤の時間は短くなります。

書籍『福岡はすごい』(牧野洋著、イースト・プレス)に、福岡と他の三大都市圏の通勤・通学時間を比較した興味深いデータが紹介されていました。

総務省の「社会生活基本調査(２０１６年)」をもとに福岡市が計算したところ、福岡・北九州大都市圏の通勤・通学時間（平日片道換算）は38分。対して関東大都市圏の51

＝通勤・通学時間（平均の片道換算）＝

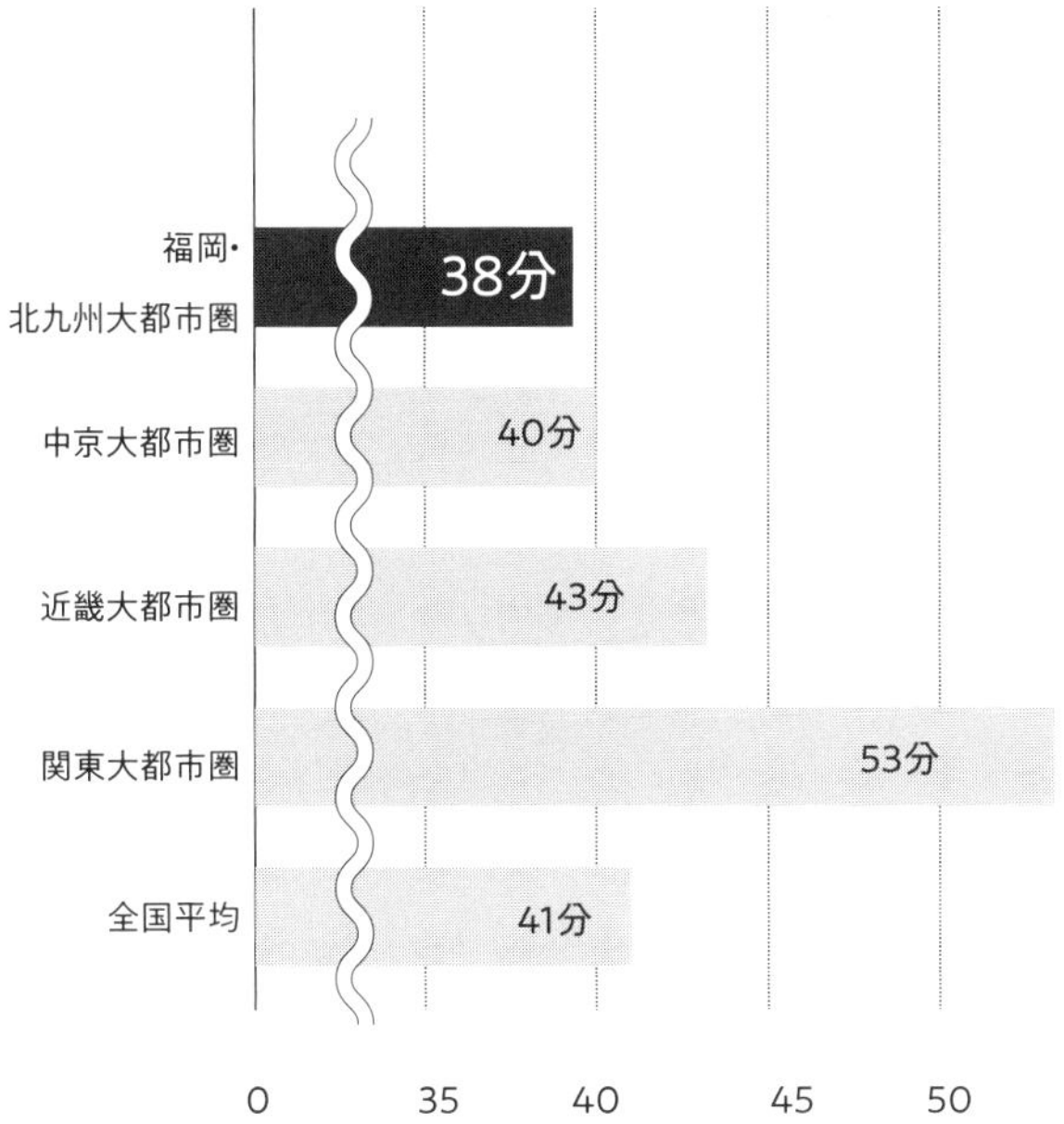

出典：Fukuoka Facts

http://facts.city.fukuoka.lg.jp/data/commuting/

資料　総務省　『平成 28 年社会生活基本調査』 調査票Ａに基づく行動の種類別行動者平均時間

※行動者平均…通勤・通学をしなかった人を除外して算出した平均値

分、近畿大都市圏の43分、中京大都市圏の40分であり、これらの都市を下回るとされています。日本の大都市圏の中で、福岡はもっとも通勤・通学に費やす時間が短くてすむわけです。

都心部から空港が近いことも利便性を高めています。国内線はもとより、アジアの主要都市に直行便が飛ぶ国際空港である福岡空港へは、博多駅から地下鉄でわずか5分程度です。国内・海外への出張や旅行に行く際には非常に便利です。

加えて、福岡市は街がコンパクトにまとまっている一方、車で1時間ほど走れば自然あふれる海や山にアクセスできます。都会と田舎が共存している感があるのです。

物価の安さも住みやすさに大きく寄与しています。

衣食住などを総合した都市別の消費者物価地域差指数（総務省調査。２０１９年）において、福岡市は都道府県庁所在市と政令指定都市をあわせた52都市の中で、7番目に低い物価水準となっています。

中でも、食料物価の安さは群を抜き、同指数で福岡市は全国ナンバー1の水準になっています（52都市の平均を１００とした指数を基準とし、福岡市は95・２）。

食についていえば、安いだけではありません。安くて美味しいのです。海や山が近いため、新鮮な食材がリーズナブルな価格で提供されています。福岡にはうまいものがたくさんあるのは、多くの人がすでに知っているはずです。

世界も評価する住みやすさ

福岡市の住みやすさは世界的にも高く評価されています。

イギリスのグローバル情報誌「ＭＯＮＯＣＬＥ（モノクル）」が毎年発表する「世界でもっとも住みやすい都市25」のランキングで、福岡は２００８年から毎年選出されランクインし続けている常連です。

同ランキングは都市の経済や機能面はもちろん、そこに暮らす人々の幸福度にも注目し、日々の暮らしに直結した全60以上の指標をもとに評価・判定しています。

２０１６年はこれまでの最高位となり、話題を呼びました。例年どおり、東京、京都、福岡の三都市がランクインする中、福岡は7位に浮上。観光地として世界的に有名な京都よりも上位になったのです。

２０１７年は14位、２０１８年は22位とランクダウンしているものの、世界25位以内をキープし続けています。こういった住みやすさの要因から、人が次々と集まり、定住の地とし、人口がどんどん増えていくのは必然的な流れでしょう。

＝世界も評価する住みやすさ＝

英グローバル情報誌「MONOCLE（モノクル）」が選出
「世界で最も住みやすい都市25」ランキング2016年の
ベスト10

1位／東京（日本）

2位／ベルリン（ドイツ）

3位／ウィーン（オーストリア）

4位／コペンハーゲン（デンマーク）

5位／ミュンヘン（ドイツ）

6位／メルボルン（オーストラリア）

7位／福岡（日本）

8位／シドニー（オーストラリア）

9位／京都（日本）

10位／ストックホルム（スウェーデン）

福岡は京都を上回る7位にランクイン！
世界的に「住みやすさ」が評価されている

開業率全国ナンバー1

増えているのは人口だけではありません。新たに誕生した企業の数も増えているのです。

福岡市の開業率（前年の全企業数に占める新規企業数の割合）は政令指定都市の中でトップ（２０１７年。福岡市観光局の調査）。開業率7・5％は全国平均５・6％を上回っています。その状況は5年以上続き、新規の事業所数も右肩上がりで増え、２０１７年には３３００社を突破しました。

企業の数が増えれば、必然的に働く人も増え、通勤エリア圏内の賃貸需要は高まっていきます。不動産投資、賃貸経営にとって追い風となるわけです。

起業の多さは、福岡市の市政が強く関係しています。

行政のトップとして陣頭指揮をとるのは高島宗一郎市長。２０１０年11月の福岡市長選で初当選し、36歳という歴代最年少での就任となりました。以来、次々と施策を打ち出して実現し、福岡経済を劇的に躍進させたことから、その手腕や戦略が注目を

＝福岡市と全国の開業率比較＝

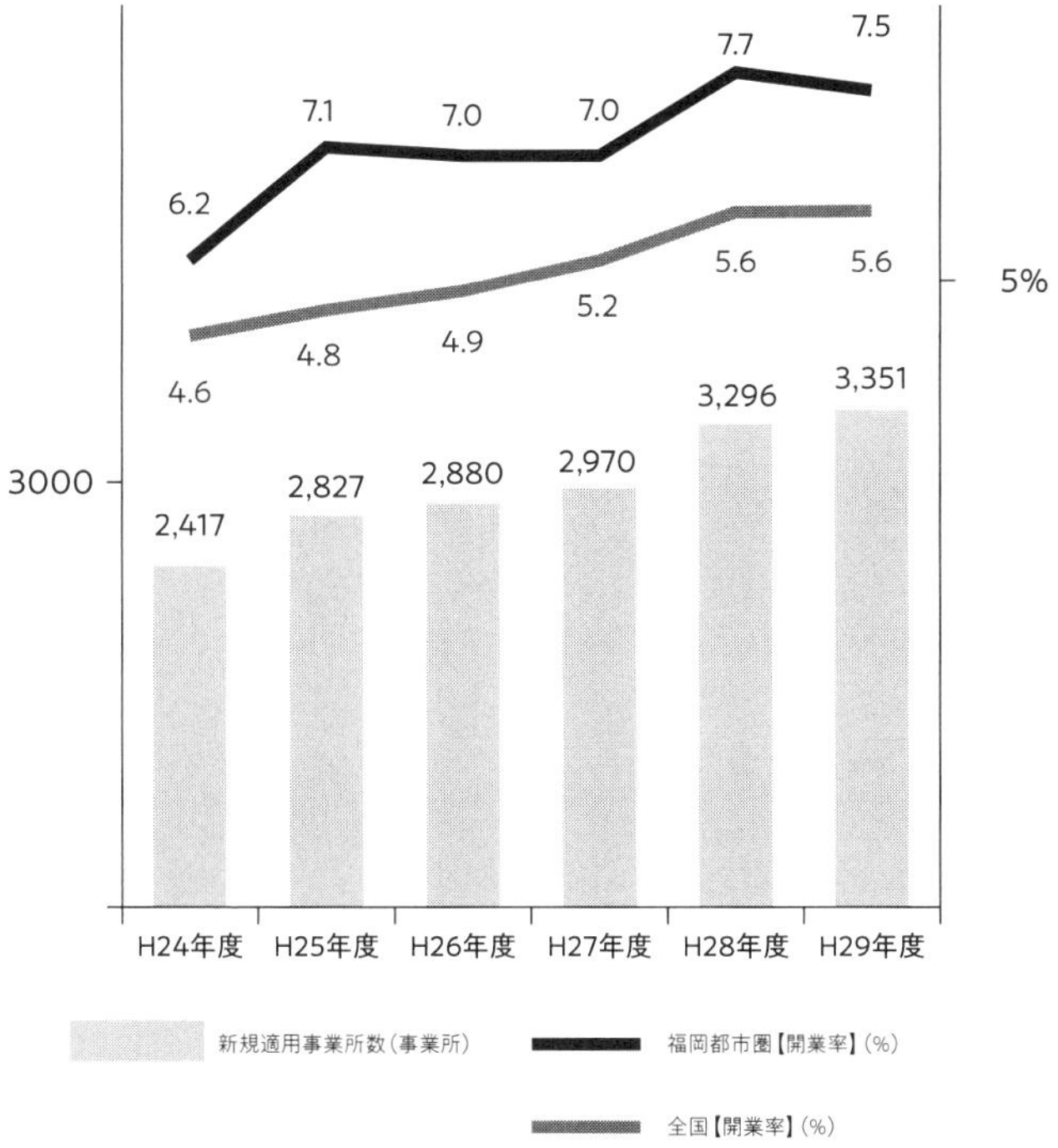

出典：福岡市経済観光局　「福岡都市圏の開業率・新規適用事業所数の推移」
資料：福岡アジア都市研究所
※「雇用保険事業年報」（厚生労働省）における雇用保険適用事業所ベースで算出したもの

集めています。２０１４年、２０１８年の選挙でいずれも史上最多得票を獲得し再選、現在３期目を務めています。

高島市政のひとつが、福岡市の代名詞といえる「スタートアップ」です。２０１２年に「スタートアップ都市宣言」を行い、官民一体の創業支援に舵を切りました。そこには、民間の活力をうまく巻き込んで政策を軌道に乗せる狙いがあったのだと思います。

２０１４年には、福岡市の「グローバル創業・雇用創出特区」が政府の国家戦略特区を獲得。以降、特区制度を活用し、ハード面、ソフト面の規制緩和や制度改革を次々と実現していきました。

こういった先進的な行政の在り方が多くの起業家を輩出し、企業増加に拍車をかけたのでしょう。

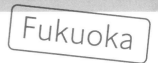

地価８年連続上昇

人、企業の増加は、土地の値段に影響します。地価は需要と供給のバランスによって決まるものです。したがって、人、企業が集まる人気の土地の価格は基本的に値上がりしていきます。

福岡市の地価がまさにそうです。

福岡市の公示地価は、２０１３年から8年連続で上昇しています。直近3年では、対前年比で＋６・１９％（２０１８年）、＋７・４１％（２０１９年）、＋９・７３％（２０２０年）という高い上昇率になっています。

福岡市の区の公示地価ランキングベスト５（２０２０年公示価格ベース）は次の通りです。

1　福岡市中央区公示地価平均１０７万１８３円／㎡変動率　＋15・４３％

2　福岡市博多区公示地価平均83万３８７６円／㎡変動率　＋16・８７％

3　福岡市早良区公示地価平均21万5724円／㎡変動率＋6・06％

4　福岡市南区公示地価平均21万1811円／㎡変動率＋8・57％

5　福岡市城南区公示地価平均15万1047円／㎡変動率＋5・10％

不動産投資において地価の上昇はプラス材料です。投資したエリアの地価が上がれば資産価値も上がり、資産を増やすことができます。

福岡がその理想に合致しているのは前述の地価データの通りです。

福岡での不動産投資は、資産価値が上がるのを期待しながら臨めます。資産価値が下がるリスクは低いため、堅実な賃貸経営ができると捉えることもできます。

なおかつ、売買のタイミングさえ間違わなければ、売却益をつかめる可能性も高いのです。

＝公示地価８年連続上昇の福岡市＝

◆福岡市の公示地価平均の推移

年	公示地価平均	坪単価平均	変動率
2013年［平成25年］	23万5237円/m²	77万7643円/坪	0.68%
2014年［平成26年］	24万1319円/m²	79万7751円/坪	2.13%
2015年［平成27年］	25万1603円/m²	83万1747円/坪	2.62%
2016年［平成28年］	26万1797円/m²	86万5446円/坪	3.67%
2017年［平成29年］	29万1939円/m²	96万5088円/坪	4.90%
2018年［平成30年］	32万3367円/m²	106万8981円/坪	6.19%
2019年［平成31年］	36万1095円/m²	119万3704円/坪	7.41%
2020年［令和2年］	41万6853円/m²	137万8028円/坪	9.73%

◆福岡市の公示地価平均ランキング（2020年）

	行政区	公示地価平均	坪単価平均	変動率
1	福岡市中央区	107万0183円/m²	353万7797円/坪	15.43%
2	福岡市博多区	83万3876円/m²	275万6617円/坪	16.87%
3	福岡市早良区	21万5724円/m²	71万3138円/坪	6.06%
4	福岡市南区	21万1811円/m²	70万0203円/坪	8.57%
5	福岡市城南区	15万1047円/m²	49万9330円/坪	5.10%
6	福岡市西区	12万6834円/m²	41万9287円/坪	5.76%
7	福岡市東区	11万8473円/m²	39万1648円/坪	7.21%

出典：「土地代データ」ホームページを参考に作成
https://tochidai.info/fukuoka/fukuoka/
地点別の地価は国土交通省公表による公示地価、および福岡県庁による基準地価を使用。
平均地価、変動率、地価ランキングは、上記のデータに基づき、Land Price Japan 社が独自に計算したもの
※変動率は、各地点の変動率の平均となります（平均地価の変動率ではありません）

Fukuoka

将来の成長性ナンバー1

福岡の「いま」の魅力を述べてきましたが、「将来」のポテンシャルの高さもチェックしてください。

興味深いのは、野村総合研究所が２０１７年７月に発表した調査レポートです。レポートでは国内１００都市を対象に、今後の成長を左右する「産業創発力」の現状および将来のポテンシャルを分析した「成長可能性都市ランキング」が示されました。

この調査は、都市の産業創発力を、「多様性を受け入れる風土」「創業・イノベーションを促す取り組み」「多様な産業が根付く基盤」「人材の充実・多様性」「都市の暮らしやすさ」「都市の魅力」という６つの視点から、１３１の指標を用いて総合的に分析しています。

導き出されたランキングは大きく２つです。

ひとつは、総合ランキング。実績および将来のポテンシャルを含めた総合的な産業創発力の高さから、

・第１位　東京都特別区部
・第２位　福岡市
・第３位　京都市

となりました。

もうひとつは、ポテンシャルランキング。こちらは実績とポテンシャルの差分で見た伸びしろの大きさから、

・第１位　福岡市
・第２位　鹿児島市
・第３位　つくば市

となりました。

福岡市はどちらもトップ3入りを果たしています。ポテンシャルランキングのほうは国内100都市中で1位です。

調査レポートではポテンシャルランキングの都市について、「今後、わが国において自立して世界から外貨を獲得し、地域経済を牽引する〝ローカルハブ〟になる可能性を秘めた『成長可能性都市』である」と評価しています。

もっとも評価の高い福岡市は、将来の成長期待大ということです。

これまでの成長だけでなく、これからの成長も見込める福岡。不動産投資、賃貸経営は長期の資産形成を基本とするため、投資エリアの長期的な成長要素も検討材料としなければなりません。その点でも福岡は最適といえるのです。

＝成長の期待が高まる福岡＝

(株)野村総合研究所が調査
国内100都市を対象とした成長可能性都市ランキング

◆総合ランキングでみた成長可能性の高い都市

1位　東京都特別区

2位　福岡県福岡市

3位　京都府京都市

4位　大阪府大阪市

5位　鹿児島県鹿児島市

◆ポテンシャルランキングでみた成長可能性の高い都市

1位　福岡県福岡市

2位　鹿児島県鹿児島市

3位　茨城県つくば市

4位　愛媛県松山市

5位　福岡県久留米市

出典：株式会社野村総合研究所　2017 年 7 月 5 日発表資料
https://www.nri.com/jp/news/newsrelease/lst/2017/cc/0705

不動産投資はプロに任せるのが正解

ここまで、福岡の魅力とポテンシャルを、各種データを提示しながら説明してきました。福岡が不動産投資で圧倒的に有利な理由を理解し、納得していただけたことと思います。

ただし、これで不動産投資に挑めるわけではありません。もう一歩踏み込み、

「福岡のどこで不動産投資、賃貸経営に臨むのが正解なのか」

という視点が必要になります。この問いの答えが見えてこないと、失敗を招くことになりかねないでしょう。

福岡といっても対象地域は広いです。県内に住む人でも土地勘のないところもあるでしょうし、県外や九州以外に住む人ならなおさらアンテナを働かせるのは難しいと思います。

知名度から福岡市に注目する人は多いはずです。しかし、福岡市に絞ったとしても

私は生まれも育ちも福岡県田川市。高校卒業後、東京の不動産会社への就職が決まり、19歳で上京しました。以来、ずっと不動産の世界に身を置いています。

東京ではいくつかの不動産会社で不動産売買の経験を積み重ね、地元・福岡に戻ったのは24歳のときでした。

まず1994年に建設会社を立ち上げ、アパートを建設する事業を開始。同事業を進める中でオーナー様の物件の賃貸管理を担う部門を作り、それを2007年に分社化したのが、私が代表を務める株式会社グリードです。

現在、当社は福岡市博多区に事務所を構え、長年のアパート建設のノウハウと、独自に築き上げた土地選定、土地収集力を活かして、福岡の優良物件を不動産投資家の皆さんに提供しています。

一方、私自身も30歳から福岡を中心に不動産投資を行ってきました。アパートやマンションなど複数の物件に投資し、失敗も経験しながら資産形成してきました。いまも年収5000万円の家賃収入を得ている現役の不動産投資家であり、そのノウハウは会社での不動産仕入れや融資などさまざまな部分に活かしています。

広島）の地価上昇率の平均値（7・4％）が、東京圏の数値（2・3％）を大きく上回りました。

日本で一番元気な街・福岡は、現時点だけの話ではありません。

2017年7月、野村総合研究所が国内100都市を対象に、今後の成長性を左右する「産業創発力」の現状および将来のポテンシャルを分析した「成長可能性都市ランキング」を発表しました。同ランキングにおいて、福岡市は第1位にランクインされています（ポテンシャルランキングでみた成長可能性の高い都市部門）。福岡の元気は一過性のものではなく、将来的な成長が見込めるのです。

長期の資産形成を基本とする不動産投資にとって、投資エリアの持続的な発展の可能性も頭に入れておかねばなりません。福岡がまだまだ発展途上にあり、ポテンシャルを秘めているのは間違いありません。将来的な成長を望めれば、家賃収入を継続的に得られ、売買益のチャンスも拡大します。

このような理由から、「不動産投資をするなら、福岡で決まり！」ということが判断できるわけです。

対象地域は広く、「何区がいいの？」「何区の何駅周辺がいいの？」といった疑問がわいて壁にぶち当たります。

また、福岡市ばかりに目が向きがちですが、注目エリアはそこだけに限りません。詳しくは後述しますが、むしろ福岡以外の市のほうに穴場は潜んでいます。

どちらにせよ、「福岡の勝てる立地」で勝負しなければいけないわけです。

とはいえ、一般の人が福岡の勝てる立地を見極めるのは困難でしょう。そこで、皆さんの強い味方となるのが私たちの存在です。福岡に根差した不動産投資事業者、不動産投資のプロに頼ることが好ましく、成功の近道になるといえます。

Fukuoka

土地の目利き力に絶対の自信

では、私たちグリードはどんな特徴を持つのか。福岡の地で不動産投資の成功者を多数生んできた当社の強みを紹介します。

私たちは福岡で建設会社からスタートし、その後不動産投資事業を幅広く手掛けるようになりました。私自身、地元である福岡のことは知り尽くしていますが、会社としても福岡で20年以上の経験と実績を積み重ねています。

投資初心者のお客様に推奨する不動産投資スタイルは新築のアパート経営です。まず土地を仕入れ、そこにアパートを建設し、完成後は物件の賃貸管理まで担います。不動産投資をワンストップでサポートさせていただいているわけです。

何度もお伝えしている通り、不動産投資は立地がすべてですから、何より土地の仕入れを重要視します。担当社員が地元の業者と毎日やり取りし、日々の情報収集を欠

かしません。

現地での調査も徹底しています。企業秘密なので詳細は明らかにできませんが、さまざまなチェック項目を設けたリストにしたがって厳しく精査し、最終的にすべての条件をクリアした土地だけを仕入れるという流れです。

手前味噌ですが、私たちは土地の目利き力に絶対の自信を持っています。同業他社に負けない一番の強みと捉えています。

土地の仕入れにおいて、「やらない勇気」を信条とするのは当社の特徴です。担当社員はこの信条を胸に刻んで仕事をしています。

たとえば、掘り出しものの安い土地を発見したとしましょう。この安い土地を仕入れ、適正な利益を乗せたうえでお客様に販売すれば、大きな儲けを手にできます。会社としては御の字です。

しかし、該当エリアの賃貸需要が望めなかったら、入居者の確保は容易ではありません。安定した家賃収入を望めず、結果としてお客様に損をさせてしまいます。私たちはそれを望みません。お客様第一主義の理念に反します。

ですから、自分たちの儲けがいくら大きくても、そういった土地は「やらない勇気」を持って見送ることとしているのです。

会社の内情によっても話は違ってきます。

大手の不動産会社の場合は、従業員を多数抱えて給料など経費がかかるため、とにかく多くの物件を建て、販売していかなければなりません。これではお客様第一主義とはいかないでしょう。

対して私たちのような地域密着の不動産ベンチャーは、かかる経費が少ない分、物件を無理に量産しなくてすみます。実際、当社の場合、厳選した物件を年10棟しか生産していません。

さらにいえば、私自身が不動産投資の経験者であることも関係しています。いまも現役の賃貸経営者として不動産投資家視点を持ち、「自分が買えない物件は勧めない」ことも会社の信条に加えているため、担当社員はプロの目線で仕入れに取り組んでいるのです。

Fukuoka

立地にこだわることは好循環を生む

アパートを建設したのち、当社が物件の賃貸管理まで担う話をしました。その点においても、土地の仕入れを徹底していることが証明できます。

賃貸管理の重要な仕事のひとつは入居者募集（客付け）です。家賃収入に直結する客付けがうまくいかないと、物件を購入されたオーナー様を困らせることになってしまいます。

もし、土地の仕入れをいい加減に行い、賃貸需要が望めない立地の悪いところにアパートを建てたらどうなると思いますか？

そうです。賃貸管理を担う私たちが客付けに力を注いでも、思いどおりにいきません。家賃収入が得られないとなれば、オーナー様からクレームを受けても致し方ないでしょう。

となると、当社の信用はガタ落ちです。賃貸管理業務はお金を頂戴してやっている

ので、業績にも悪影響を及ぼします。

要するに、土地の仕入れで手を抜くことは、自分たちのクビを絞めることになるのです。そのような行動を望むはずがありません。

土地の仕入れを徹底すれば、立地の良さからアパートの入居者確保は容易となります。安定した家賃収入をもたらすため、オーナー様に喜んでいただけます。かたや私たちにとっても、賃貸管理業務で客付けに苦労しなくてすみ、信用と実績を積み重ねられるので、嬉しい限りです。

好立地にこだわることは高い入居率につながり、それはオーナー様にとっても私たちにとってもプラス。ウィンウィンとなるのです。

Fukuoka

競争相手に勝てる物件を建てる

厳選して仕入れた土地に、どんなアパートを建設するか。物件自体の良し悪しも入居率を左右するため、気を配らなければなりません。

望ましいのは「競争相手に勝てる物件」です。すなわち、入居者から選ばれる物件でなければならないわけです。

アパートを建設したエリアの立地が良ければ、必ず競争相手が存在します。ここでいう競争相手とは近隣のアパートのことです。

競争相手がいるのは悪いことではありません。賃貸ニーズの高さを表していると考えていいでしょう。

とはいえ、競争相手に負けて、入居者から選んでもらえなかったら、家賃収入が安定して入ってこなくなります。

そうならないために、競争相手に勝てる物件である必要があるのです。

私たちが建てるアパートは、ハイクオリティのデザインと、設備の充実度で勝負しています。洗練された外観や内観のインテリアに、各種設備が整ったクオリティの高い居住空間をウリとしています。他社にはマネのできないスタイリッシュなアパートによって差別化を図り、競争力を高めているのです。

加えて、建物の品質管理とコストダウンを徹底。細部にこだわって高品質を実現しながら、ムダを極力省いています。同時に、万全に備えたチェック機能と入念な検査態勢が働き、大地震も見据えた緻密な地盤調査と確かな技術による耐震構造で建物を建設。安心・安全な暮らしをお約束するとともに、リーズナブルな価格に自信を持っています。

このようなアパートを建てられるのは、当社が建設会社からスタートし、ノウハウを蓄積したからに他なりません。その強みがあるからこそ、入居者に選ばれ、競争相手に勝てると考えています。

Fukuoka

不動産会社のネットワークを武器とした管理力

土地の仕入れとアパートの建設について、それぞれ私たちの強みを紹介しました。

もうひとつ、当社ならではの強みがあります。これまで何度も話に出てきた賃貸管理の強みです。

前述したように、私たちはオーナー様が投資した物件の賃貸管理を担います。中でも入居者募集は重要な任務で、一任する側のオーナー様にとっては賃貸経営の生命線といえる部分です。

入居者募集は賃貸管理を業務とする不動産会社であればどこでもサポートしてもらえます。そのため、「どこに管理を任せればいいのかわからない……」と頭を悩ます人は少なくなく、会社選びを十分行わないまま場当たり的に依頼するケースがよく見

られるのです。

場当たり的であっても運よく当たりの不動産会社に依頼できれば問題ないのですが、ハズレの不動産会社に依頼してしまったら痛い目に遭うのは明らかです。入居者の確保がままならず、空室が出たときになかなか埋まらないという事態が待っています。

賃貸管理を強みとする当社の場合、ハズレ不動産会社に見られる失態はまずありません。入居者募集に万全の体制を整えているからです。

私たちは自社のみならず、地域の賃貸専門の不動産会社を通じて広く入居者募集を行います。1社より複数社で入居者を募ったほうが有利なのは明らかでしょう。長年の信頼関係によって築き上げてきた不動産会社のネットワークがあるからこそできることであり、その武器によって入居者の確保はたやすく、空室が出てもすぐに埋まります。

ここまで紹介してきた、

・土地の仕入れ
・アパートの建設
・物件の賃貸管理

という３つの分野の強みが相まって、私たちは高い入居率を実現しています。同業他社を上回る98・６％という圧倒的に高い入居率を維持し、アパート経営を成功に導いているのです。

＝グリード社の強み＝

不動産投資で圧倒的に有利な福岡で、さらに圧倒的優位に立てる
グリード社3つの強み

1　土地の「目利き力」

→福岡の中で勝てる立地を厳選し、土地を仕入れる。

2　アパートの「デザイン&設備力」

→ハイセンス&ハイクオリティのデザイナーズアパートを建設。

3　物件の「賃貸管理力」

→地域の不動産会社ネットワークを通じて、広く入居者募集を行う。

福岡の最新融資事情。中古より新築有利

ここからは、福岡の不動産投資最新事情を述べます。もっとも重要な融資の話題を中心に、地元でしか知り得ない生の情報をお伝えします。

不動産投資は金融機関の融資を受けて取り組めるという利点を説明しました。自分のお金を使って投資をする株取引などとは異なり、「他人のお金」を元手に不動産に投資し、家賃収入を得られるのです。

したがって、融資を受けられるかどうかが重大な関門になります。

また、融資を受けられたとしても、「頭金として自己資金はどのくらい必要か」「ローン期間はどれくらいとれるのか」といった問題も出てきます。多額の自己資金が必要になると不動産投資を始めるハードルは高くなり、ローン期間が短いと肝心なキャッシュフローを減らし賃貸経営は安定しません。

融資の状況は経済情勢などによって日々変化します。大都市圏の金融機関と地方都市の金融機関といったエリアでも状況は異なります。

近年の福岡の融資事情を分析すると、新築と中古に対する融資姿勢の違いが以前にも増して浮き彫りになっている気がします。簡単にいえば、新築は融資を引きやすく、中古のほうは融資を引きにくいのが実状です。

木造のアパートでいえば、新築の場合、かつては某金融機関で期間40年のローンを組むことができました。しかし、最近はそこまで長期のローンを組むのは難しくなっています。

一方で中古の場合、状況はもっと厳しいです。融資の可能性が開けても、物件価格の２割以上の頭金を求められたり、ローン期間を10年と短期間に制限されるなどの条件を強いられたりするケースが多くなっています。そうなると、踏み出せない人も出てくるでしょう。

新築木造でもローン年数30年の理由

中古の場合、自己資金を最小限としたり、できるだけ長期のローンを組んだりといった好条件での融資を実現するのは困難だと思います。融資の引きやすさや、そういった好条件を望めるのは断然新築のほうです。

ただ、新築で木造の場合、法定耐用年数＝ローン期間目安は22年。ＲＣ（鉄筋コンクリート造）や鉄骨造の建物より法定耐用年数が短いため、「融資を引くのには不利なのではないか……」と感じる人もいるかもしれません。

確かにそうですが、22年のローン期間はあくまで基本の数字です。木造でも構造によって金融機関の融資姿勢が変わり、22年以上のローン期間を認めるケースもあるのです。

22年を超えるローン期間が望める新築木造物件の構造は、

・耐火および準耐火建築物の認定
・劣化対策等級の取得

がカギを握ります。

耐火および準耐火建築物は、火災が起きた際、火に対する強さを示す法的な基準です。木造は火に弱いと思われがちですが、内部に中空があって熱を遮断する造りになっているため、焼け落ちるまで時間がかかります。結果、避難しやすいなど被害を抑えられるのです。

火災に耐えられる時間が長いほど高い性能とされ、耐火建造物は最高レベル、準耐火建築物は次のレベルになります。

劣化対策等級は、構造躯体の劣化のしにくさを示すものです。１、２、３級とある等級は３級がもっとも高い品質で、等級に応じて、大規模な改修工事を不要とする期間が長くなります。一定の要件をクリアすることで、長持ちする建物と認められて等級を取得できる仕組みです。

このように、優れた構造の木造の建物には、金融機関は法定耐用年数22年を超える融資を認めるようになっています。

当社がお客様に提供する木造アパートは、劣化対策等級1級を取得しています。金融機関が同等級を評価し、ローン期間を30年程度まで延長してもらえるのが通例です。それによってキャッシュフローが十分望めて、賃貸経営に有利に働くのは言うまでもありません。

Fukuoka

自己資金は最低限まで抑えられる

では、新築融資で自己資金はどのくらい必要となるのか。

中古は頭金として2割以上求められるなど厳しい現実をお伝えしましたが、新築は状況が異なります。

結論からいうと、当社を窓口とすれば、自己資金は最小限度に抑えられます。もちろん、１００％そうなるわけではなく、お客様個人の属性によって多少は違ってくるものの、少額の自己資金ですむケースがほとんどです。

私たちは、地元・福岡で営業する複数の銀行と取引しています。窓口を持つのは地方銀行20行以上です。

融資の状況は常に変化していると述べました。

当社では取引のある各銀行の担当者と直接やり取りし、リアルタイムの情報を仕入れています。その結果、「Ａ銀行は融資に積極的になってきた」「Ｂ銀行は融資の条

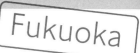

件が厳しくなったな」といった価値ある情報を得られます。

この情報をお客様に提供するのです。融資に積極的な銀行をご紹介すると、少額の自己資金や長期のローンといった好条件を引き出しやすいわけです。

また、銀行は融資先の獲得にしのぎを削っています。当社では複数の銀行の担当者とやり取りする中で、「A銀行の融資条件は○○だった。B銀行がそれに勝る条件を提示できれば、お客様は納得するはず」というような駆け引きを実行します。すると、同様に好条件を引き出しやすいのです。

当社と取引する銀行の担当者が本書を手に取ってこの情報を目にしたら気分を悪くするかもしれませんが、私たちはお客様のためになる最善の方策をとるまでです。

一般の人が複数の銀行とやり取りするのは容易ではありません。まして、言葉巧みに生の情報を仕入れたり、駆け引きしたりするのは極めて困難です。銀行と太いパイプを持つ不動産会社に頼るのがベストな選択だと思います。

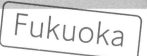

越県融資は認められない？

読者の皆さんの中には、東京や大阪などの大都市圏や、福岡以外の地方都市に住んでいる人もいるでしょう。

そういった人が福岡の収益物件を購入するには、融資をＯＫしてくれる福岡の銀行を開拓することが第一となります。

しかし、福岡以外の都道府県に住んでいて、福岡の銀行から融資を受けるのは容易ではありません。地方銀行の場合、こういった越県の融資を認める金融機関は少ないからです。

ただし、当社を通じて福岡の銀行に融資を打診すると状況は変わってきます。福岡に本店・支店のある銀行であれば、県外に住む人でも融資は高い確率で可能です。

これまでの実績でいうと、九州一円や山口県在住のお客様が、福岡を地盤とする銀行から融資を引くことができました。絶対とは言い切れませんが、越県融資であって

も道は開けます。

福岡に住む人なら、融資を望める可能性は格段に高まります。県内在住者であればある程度土地勘も働くはずです。地元・福岡の不動産投資で優位に立てるということです。

一方で融資を使わず、福岡の不動産を現金購入するのも手です。福岡には相続対策に有効な収益物件が多数潜んでいるのです。実際、相続税の節税目的にキャッシュで物件を購入する富裕層のお客様は密かに増えています。

Fukuoka

福岡移住もひとつの手段

東京や大阪など福岡から遠く離れた地に住む人が、融資を使って福岡の不動産投資をスムーズにやりたいなら、「移住」という奥の手もあります。

福岡に住まいを移せば、融資の問題は解消。福岡で生活を送りながら、不動産投資に踏み出すことができます。

福岡市は移住先としても人気です。人口増加は移住人気も少なからず関係しているのでしょう。

もちろん、簡単ではありません。福岡に住むなら仕事を探さなければならないですし、福岡での生活が自分に合うかどうかなど、不安要素があれこれ出てくると思います。

それでも福岡市の場合は、先に説明したように、開業率全国1位かつ官民一体で雇用創出に積極的なので環境は恵まれており、物価の安さや食べ物の美味しさ、コンパクトシティなど住みやすい要因が多数あります。

福岡の地が移住先や投資先として適しているか自分の目で確かめることも大切です。
まずは旅行で福岡を訪れてみてはいかがでしょうか。

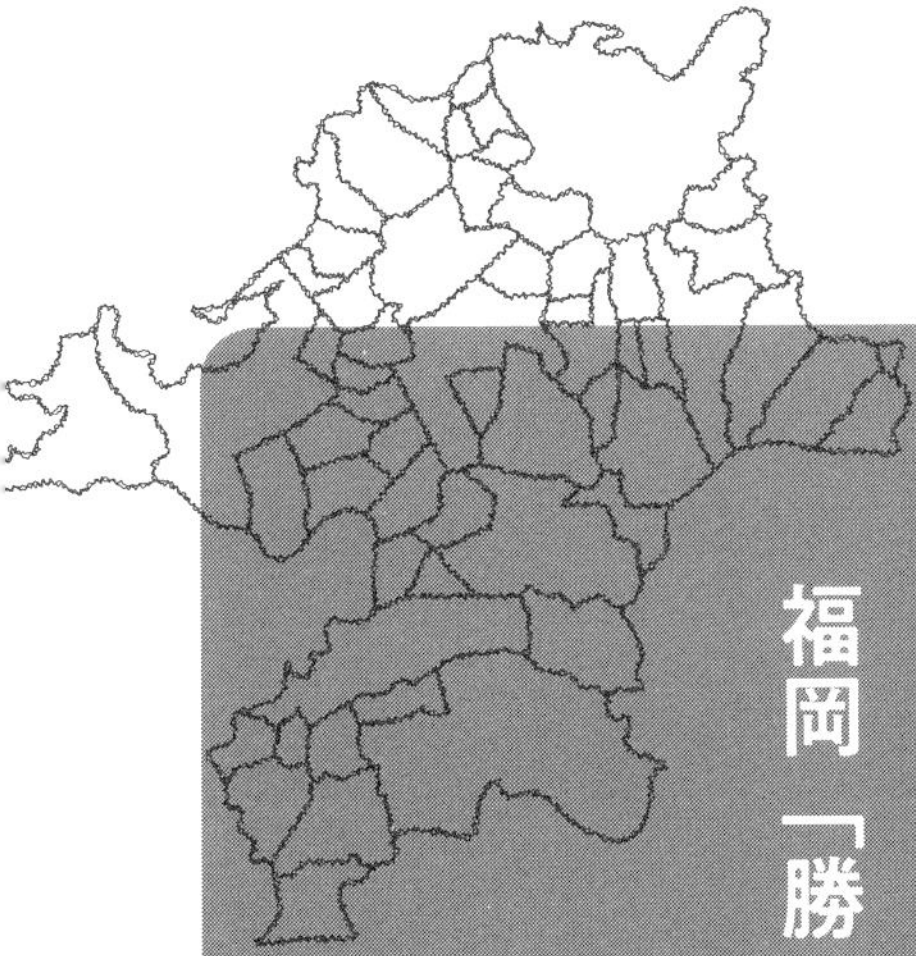

第3章

福岡「勝てる立地、賢い戦略」

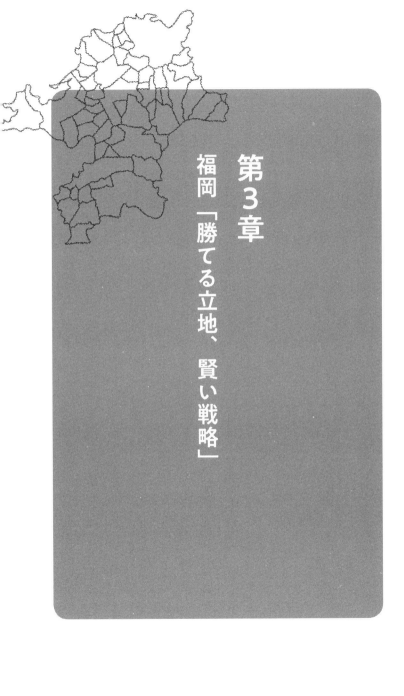

Fukuoka

福岡県の地形要素と気候要素

福岡のどこで不動産投資を始めればいいのか。この答えを知らずして、第一歩を踏み出すことはできません。

成功の近道は、「福岡の勝てる立地」で勝負することです。それがどこなのかを、本章では詳しく説明します。

加えて、攻め方も大切です。そのために必要な2つの戦略とデータ分析について解説します。

まずは福岡に土地勘がない人に向け、地形と気候をレクチャーしましょう。

福岡県は、九州と本州を結ぶ交通の要衝を占めています。北部には、玄界灘、響灘、周防灘が南西部には有明海が広がっており、筑紫山地、筑肥山地、耳納山地などの山地や筑後川、遠賀川、矢部川などの河川があり、川沿いには平野が広がり自然に恵まれています。

気候は、温帯性気候で年間平均気温が17・5度で温暖で、冬の山間部では降雪がみ

られ、適度の雨量もある地域となっています（九州農政局などより抜粋）。

＝福岡県の主な地形＝

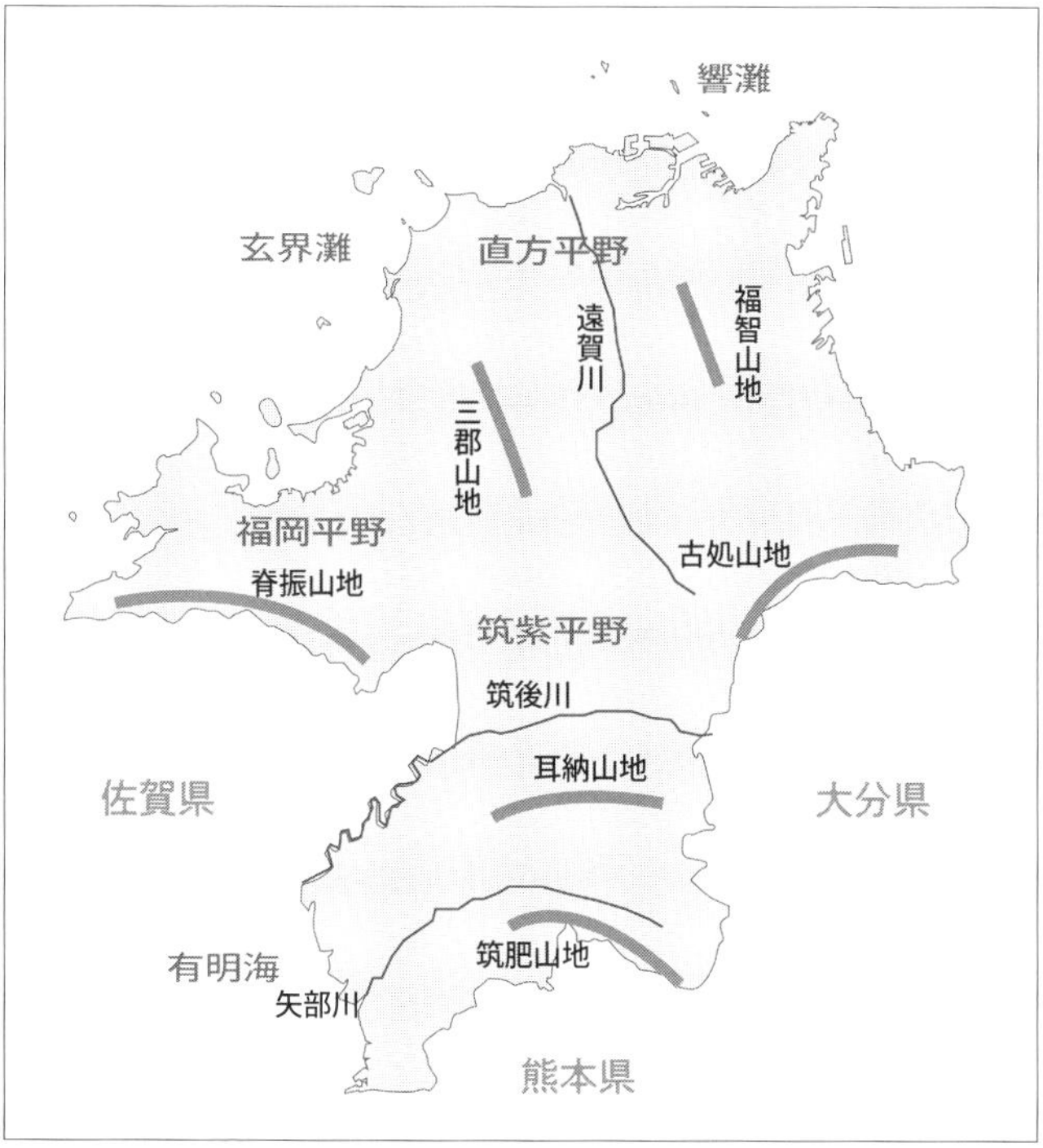

福岡県全体の地理

次に、福岡県全体の地理を押さえておきましょう。

福岡県は、福岡市と北九州市の2つの政令指定都市があり、両市をはじめ4つの地域に分けられます。

- **福岡地域**
- **北九州地域**
- **筑後地域**
- **筑豊地域**

の4つです。

各地域の人口と特徴、該当する市町村を紹介します。

・福岡地域

人口……２６７万４３４４人（２０２０年6月1日時点。以下同）

特徴……福岡市を中心に県内でもっとも人口が集中するエリア。福岡市は人、企業の増加などを背景に成長を続け、将来のポテンシャルも高く、４地域の中でもっとも活気があります。

該当市町村……福岡市、筑紫野市、春日市、大野城市、太宰府市、那珂川市、宗像市、古賀市、福津市、糸島市、朝倉市、宇美町、篠栗町、志免町、須恵町、久山町、粕屋町、新宮町、筑前町、東峰村。

・北九州地域

人口……１２４万８０８９人

特徴……九州でもっとも工場が集まるエリア。中心となる北九州市は工業都市として知られ、沿岸部に多くの工場が建っています。近年では、ひびきコンテナターミナルや北九州空港が完成するなど、アジアの物流拠点として整備が進んでいる地域です。

該当市町村……北九州市、中間市、行橋市、豊前市、芦屋町、水巻町、岡垣町、遠賀町、苅田町、みやこ町、吉富町、上毛町、築上町。

・筑後地域

人口……79万306人
特徴……豊かな自然と、農林水産業や地場産業、商工業など多様な産業が育まれているエリア。最大都市の久留米市をはじめ、大牟田市、柳川市などが核となる都市です。現在、築後ネットワーク田園都市圏構想を推進し、同地域の都市の連携・補完により新しい都市への発展を図っています。
該当市町村……八女市、筑後市、久留米市、大川市、小郡市、うきは市、大牟田市、柳川市、みやま市、広川町、大刀洗町、大木町

＝福岡県「４つの地域」＝

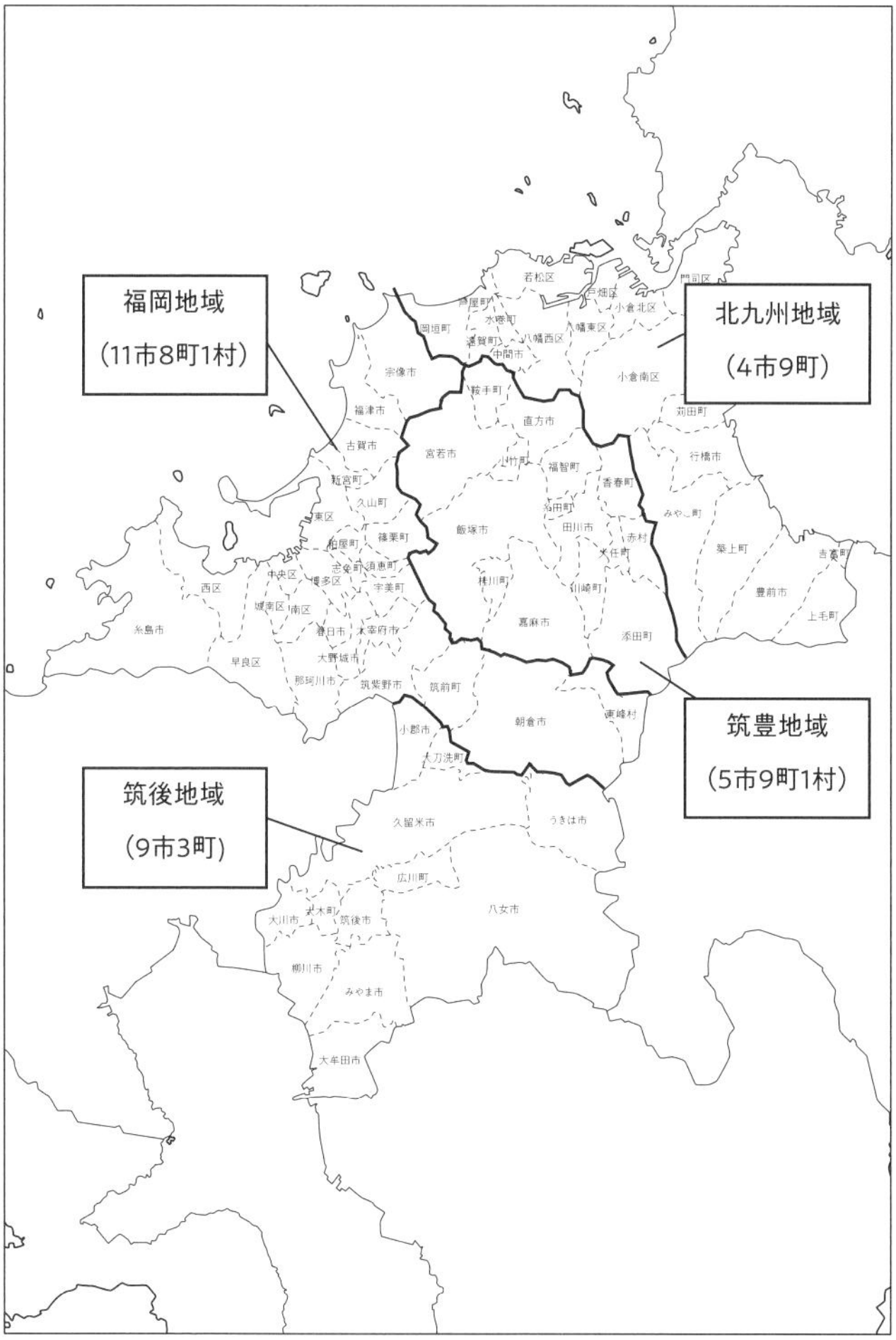
福岡地域
(11市8町1村)
北九州地域
(4市9町)
筑豊地域
(5市9町1村)
筑後地域
(9市3町)

・筑豊地域

人口……39万7167人

特徴……石炭の主要な産地・筑豊炭田が広がり、かつて石炭産業が栄えたエリア。飯塚市、直方市、田川市などが中核都市として成長しています。石炭産業衰退後、同地域も衰退を余儀なくされましたが、それに歯止めをかけて大きな転換を目指し、近年は新たな産業基盤構築や農業の活性化などに取り組んでいます。

該当市町村……直方市、宮若市、飯塚市、嘉麻市、田川市、小竹町、鞍手町、桂川町、香春町、添田町、糸田町、川崎町、大任町、赤村、福智町

第一に頭に入れるべきはやはり福岡市。日本で一番元気な街です。

福岡県西部に位置する福岡市の人口は約160万人（2020年6月1日時点）。県総人口の約3割を占めます。7つの行政区によって構成されており、各区の名称および人口は次の通りです。

・東区（32万１１７３人。２０２０年６月１日時点。以下同）
・博多区（24万５２４５人）
・中央区（20万４５２５人）
・南区（26万５１０１人）
・城南区（13万３１７３人）
・早良区（22万７４０人）
・西区（21万２２２１人）

福岡市の中でもっとも人口が多いのは東区です。ベッドタウンとして人気が高く、32万人に及びます。

といっても、東区に人口が集中しているわけではありません。面積が狭い城南区を除き、残りの５区すべてが20万人を超えています。

中央区は福岡市の中心市街地で天神などの繁華街やオフィスビルが建ち並ぶエリアですが、一方で住民も多く、人口約20万人。博多駅や福岡県庁のある博多区も住宅街が多く見られ、人口約25万人となっています。

早良区は、北は博多湾、南は佐賀県と接しており、もっとも大きな区です。西の副都心として栄え、北部博多湾に面するエリアは高級住宅街となっています。

西区は、北側が博多湾に面し、西は糸島半島の一部。北東部の姫浜地区が中心市街地となり、市街地および住宅地が発達しています。

Fukuoka

交通とアクセス

交通についても見ていきましょう。

福岡市は、ＪＲ鹿児島本線、ＪＲ博多南線などのＪＲ電車各線、西鉄大牟田線や西鉄貝塚線などの西鉄電車各線、地下鉄空港線や地下鉄箱崎線など地下鉄電車各線と、複数の鉄道路線が整備されています。加えて、西鉄バスによる交通網も市内全域に発達しています。

前述した「コンパクトシティ」と呼ばれる通り、繁華街である天神から福岡空港まで地下鉄で約11分、メインターミナルである博多駅から福岡空港までは地下鉄で約5分あれば移動できます。居住エリアから繁華街や空港へのアクセスが非常にスムーズなのが福岡市の特徴です。

飛行機での移動は、福岡空港から東京まで約1時間30分、大阪まで約1時間10分。

あっという間に到着します。国内だけに限りません。アジア各国へ直行便が飛び、韓国・ソウルまで約1時間10分、中国・上海は約1時間30分、台湾・台北は約2時間30分の時間で移動が可能です。

国内主要都市はもとより、アジアの主要都市へアクセスしやすいことから、福岡市は「アジアの玄関口」としての顔を持っています。他の都市にはない役割を担っていると言っていいでしょう。

また、福岡県には博多港、北九州港という二大貿易港があり、海外各国との貿易も盛んです。

＝アジアへのアクセスも便利＝

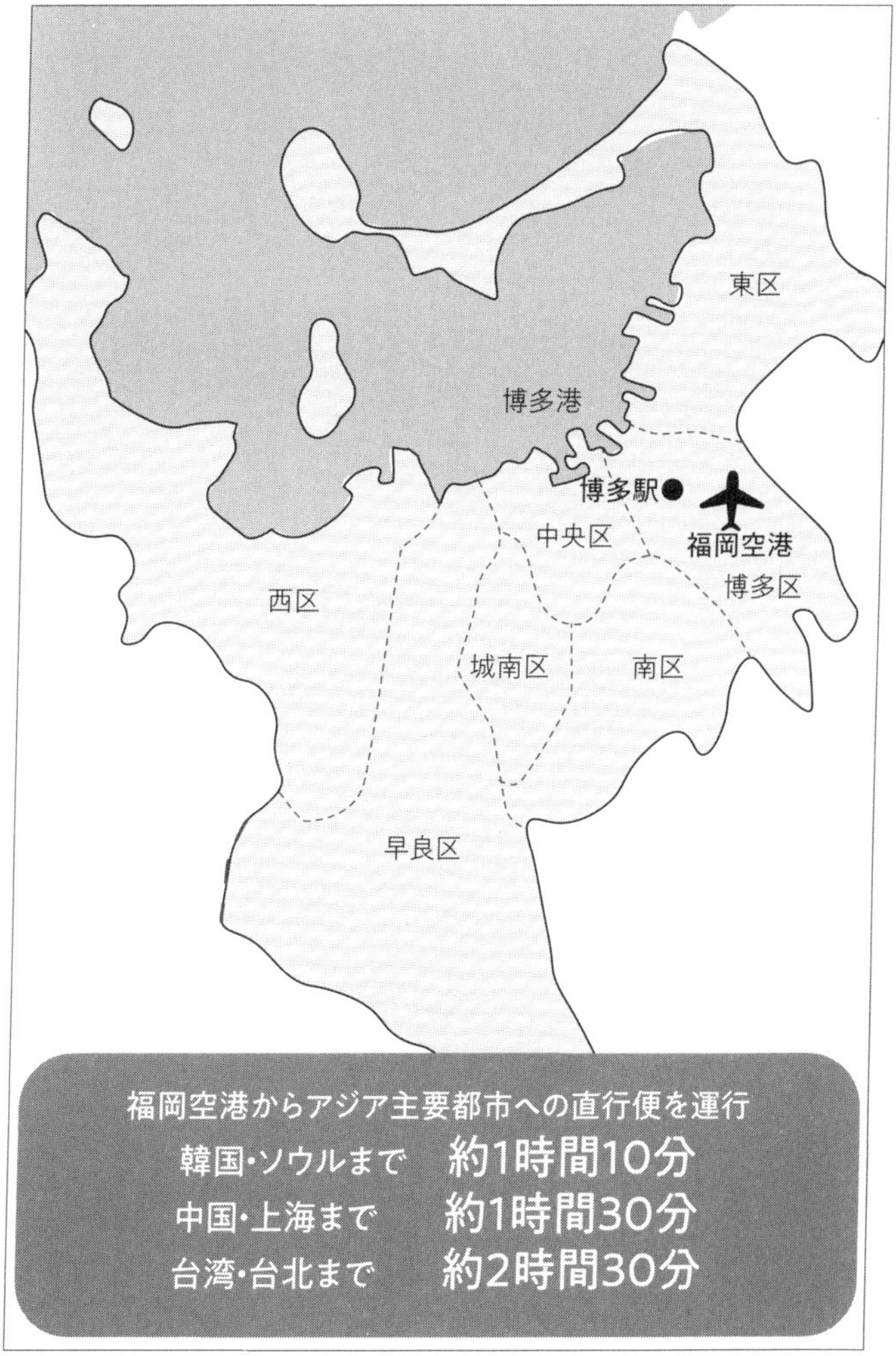

Fukuoka

「街中戦略」と「田舎戦略」

ここまでの説明で福岡の地形や地理、交通などが頭に入ったと思います。

いよいよここから実践編です。

福岡の勝てる立地を、私たちがどのようにして導き出しているのか。必要な戦略とデータ分析の方法を明かしていきます。


まずは戦略から。

不動産投資に限らず何事もそうですが、目的達成のために戦略を立てて臨むのは大切なことです。闇雲に始めると大抵うまくいきません。

福岡の不動産投資戦略は2つあります。「街中戦略」と「田舎戦略」です。


街中戦略は、福岡市内を投資対象とします。

＝「街中戦略」と「田舎戦略」＝

◆街中戦略

ターゲットエリア　福岡市内

物件価格　7000～9000万円程度

間取り　1Kまたは1LDK　6～9戸

想定利回り　7.2%以上

利点　将来のキャピタルゲインが期待できる

◆田舎戦略

ターゲットエリア　福岡市以外の市

物件価格　5000～6000万円程度

間取り　1Kまたは1LDK　6～9戸

想定利回り　8%以上

利点　エリアの見定めやひと工夫で収益力を上げられる

福岡市内の地価は総じて高いため、新築アパートを建てた場合の土地・建物をあわせた物件価格も高くなります。7000～9000万円程度（1Kまたは1LDK、6～9戸）のラインです。

市内は高い賃料を望めますが、物件価格も高いため、必然的に利回りは低めです。当社が仕入れる際の目標は年利回り7・2％以上です（表面利回り）。

利回りが低い分インカムゲインは安定し、高い入居率を望めます。

また、将来的に土地の値上がりが見込めるため、売却してキャピタルゲインを狙うことができます。

一方の田舎戦略は、福岡市以外の市を投資対象とします。

福岡市以外の市の地価は総じて安いため、新築アパートを建てた場合の土地・建物をあわせた価格も安くなります。5000～6000万円程度（1Kまたは1LDK、6～9戸）のラインです。

賃料は安めですが、物件価格も安いため、必然的に利回りは高くなります。当社が仕入れる際の目標としているのは年利回り8％以上です（表面利回り）。

街中戦略に比べてキャピタルゲインはそれほど望めないものの、市内と家賃の変わりないエリアに的を絞ったり、駐車場の枠を広げる企画によって収益力をアップさせたりすることができます（詳細後述）。

街中戦略をとるか、田舎戦略をとるか。どちらを選ぶかは個人の考え方次第です。両戦略を組み合わせるのもひとつの方法です。

3つのデータ「犯罪率」「仲介業者動向」「空室率」

次は立地の選定。

ここと決めるには根拠が必要です。根拠が曖昧だったり、根拠自体がないのに投資したりするのは確率の低いギャンブルに挑戦しているのと同じです。

緻密にデータ分析を行い、リスクを下げること。不動産投資にはその努力が欠かせません。

しかし、個人ではデータ分析に膨大な手間と時間を要します。見極めるのも難しいでしょう。

代わりにプロの目でデータを読み解き、お客様に安心・安全に不動産投資をしていただくのが私たちの務めだと思っています。

私たちは、高い入居率を目的とした立地選定を第一に考えています。そのために重

要視しているデータは、

- **犯罪率**
- **仲介業者動向**
- **空室率**

の3つです。

各データの内容と、データから何を読み解くかを説明します。

・犯罪率

強盗、空き巣、車上狙いなどの件数を調べた犯罪率データをもとに、犯罪が集中するエリアを分析します。該当エリアは入居者に敬遠されやすいのが実状です。難しい賃貸経営を余儀なくされることになるので、そのリスクを踏まえて判断します。

・仲介業者動向

賃貸の仲介をして客付けを行う仲介業者の動向を探ります。全国展開する業者では、エイブル、アパマン、ミニミニなどが有名です。仲介業者の売上、店舗数をもとにエリアを選定します。

具体的には、主要な購入候補地の鉄道沿線への仲介店出店動向調査。駅ごとの店舗数をチェックします。Aという駅は仲介店5、Bという駅には仲介店1ということがあるからです。同時に、店舗ベースの仲介の取り扱い量を調査します。こちらも店舗ごとで差が出るものです。

すると、この駅（エリア）は賃貸契約の成約率が高い（または成約率が低い）ことがわかります。

また、ここはダメだと思っていたようなエリアが投資に適していたり、その逆もあったりして、有益な情報を得られます。

・**空室率**

空室率をもとにエリアを選定します。空室率とは、建物の部屋数に対して空室が占める割合です。

＝犯罪率データ＝

（単位：件）

	強盗	強制わいせつ	空き巣	忍び込み	オートバイ盗	自転車盗	部品狙い	車上狙い	ひったくり	自販機狙い	重点犯罪総数	刑法犯罪総数
東	3	24	54	20	↑112	731	↑34	75	↓4	11	918	2,388
博多	4	↑36	↑67	18	96	936	↑34	↑116	20	↑24	1,074	3,305
中央	↓2	27	32	↓7	49	↑1044	16	91	34	10	259	3,248
南	↓3	26	52	15	52	532	26	64	↓5	↓6	767	1,628
西	↓3	16	↓22	8	47	519	24	68	6	13	701	1,581
城南	↓2	↓14	42	8	↓38	↓353	↓16	↓45	↓4	7	57	992
早良	↑7	15	41	↑159	51	511	17	↑151	12	↓2	647	1,775
筑紫野	1	3	19	2	5	153	5	16	2	11	217	678
春日	0	6	20	7	6	191	7	13	5	6	261	600
大野城	1	3	14	3	16	138	5	24	4	8	216	554
計	9	120	274	81	322	3711	100	351	83	66	5,117	16,749

犯罪高率エリア　犯罪低率エリア　主要購入エリア

（平成30年中）［確定値］

出典：福岡県警ホームページ

＝仲介店出店データ＝

西鉄天神 大牟田線	三好不動産	駅前不動産	エイブル	アパマン	トーマスRD	西鉄の賃貸	ミニミニ	ホームメイト	その他	合計
西鉄福岡	●	●	●	●	●	●	●	●	●	9
薬院			●	●				●	●	4
平尾		●		●		●			●	3
高宮			●	●	●		●		●	5
大橋	●		●	●	●	●	●	●	●	8
井尻			●	●					●	3
雑餉隈			●						●	2
春日原		●	●	●			●	●	●	6
白木原						●			●	2
下大利		●							●	2
都府楼前									●	1
西鉄二日市	●	●	●	●	●	●	●	●	●	9
朝倉街道		●		●					●	3
筑紫		●							●	2
三国ヶ丘		●				●			●	3
西鉄小郡		●		●				●	●	4
宮の陣									●	1
西鉄久留米		●	●	●		●	●	●	●	7
花畑									●	1

福岡市内に存在する賃貸仲介店の分布を基に分析。
店舗ベースでの取り扱い量なども蓄積。

株式会社グリード調べ

＝福岡市区別の空室率を分析＝

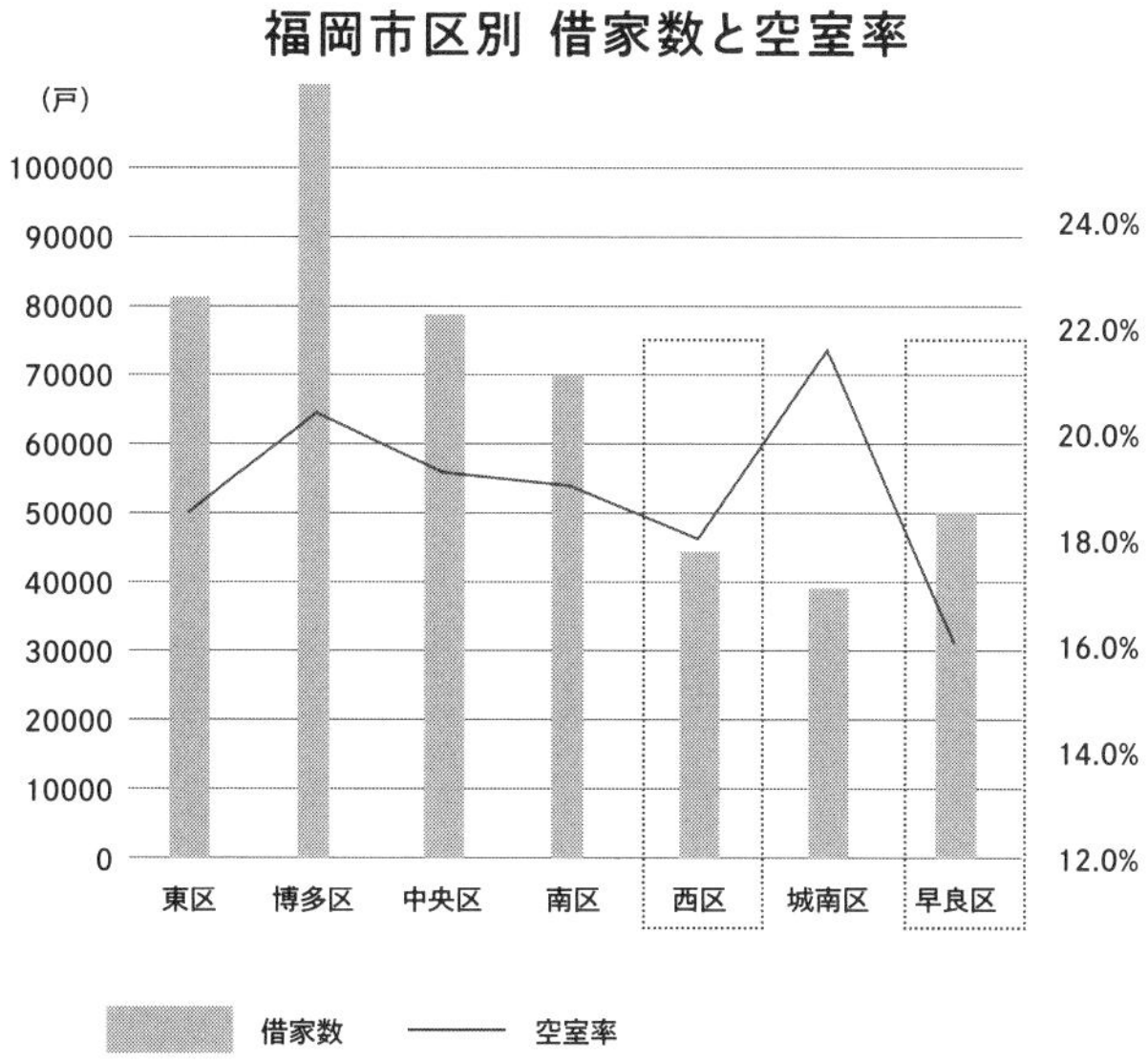

出典：LIFULL HOME'S ホームページ（空室率)、総務省統計局「平成 30 年住宅・土地統計調査」（借家数）を参考に作成

たとえば、福岡市の賃貸物件の空室率を考えてみましょう。7つの区（東区、博多区、中央区、南区、西区、城南区、早良区）によって空室率に違いがあります。空室率の高低だけではなく、借家数とともに判断します。

借家数が多く、空室率が高い区は、賃貸物件が供給過多の状況にある中、空室が多いため、賃貸需要は低いと読めます。

一方、借家数が少なく、空室率が低い区は、賃貸物件が供給過少の状況にある中、空室が少ないため、賃貸需要は高いと読めます。

ただし、区といっても対象範囲は広いので、あくまで全体観を捉える指標です。

以上、3つのデータを紹介しましたが、一つひとつのデータで良し悪しを判断するわけではありません。3つのデータを基本として押さえ、さらに細かなエリアの調査を行います。

現地では競合物件を調査

現地で必ず行うのは競合物件の調査です。

基本は、周囲に他社の競合となるアパート（同程度の間取りのもの）の数が少なく、空室率が低いところがもっとも狙い目のエリアになります。

ただし、これはあくまで基本です。他社物件については競合となり得るかどうかを精査します。

たとえば、周囲に他社のアパートが多数あったとしましょう。いくら数が多くても、競合といえる存在でなければ恐れる必要はありません。たとえば、他社アパートの多くが築20年を超える築古物件だった場合、私たちは参入の余地ありと判断します。当社の新築アパートが勝るといえるからです。

ここまで紹介したもの以外にも、私たちはさまざまな判断指標を持っています。指標一つひとつに一喜一憂せず、緻密に分析することを忘れません。

そして、企業秘密である土地仕入れのスクリーニング指標も踏まえ、総合的に「勝てる立地なのか」「高い入居率を実現できるのか」を判断するというスタンスです。

Fukuoka

福岡地方エリア「穴場」はここ

前述した福岡市内を投資対象とする「街中戦略」は王道路線。しかし、総じて土地の値段が高く物件価格も高いため、手を出せない人も出てくるでしょう。対して福岡市以外の市を投資対象とする「田舎戦略」は穴場路線。総じて土地の値段が安く物件価格も高いため、「勝てる立地」を見極められたら、不動産投資、賃貸経営を有利に進められます。

田舎戦略において、私たちがどんなデータを駆使して土地仕入れを行っているのか。一部を明かしましょう。

まず福岡県内の市区別・賃貸物件の空室率をチェックし、福岡市の空室率を大きく下回るエリアに注目します。

福岡市７区の賃貸物件の空室率は20％前後です。対して、古賀市、直方市、田川市、大川市、大牟田市などがその空室率を大きく下回るエリアです

次に、賃料相場と坪単価を確認します。賃料相場は私たちが提供する物件の間取り（1LDK）を基本とします。

福岡市以外の市の中には、単身者向けの賃貸住宅の供給が少なく、賃料相場が福岡市並みのエリアがあります。

一方、坪単価は福岡市より低い水準のエリアがほとんどです。

2つの指標から、「福岡市並みに賃料相場が高く、一方で坪単価は低い」というエリアが、収益性に優れることが読み取れます。該当するエリアは、田舎戦略の不動産投資に適しているといえるのです。

119ページを見てください。田舎戦略で勝てる不動産の構造を図にして、福岡市内の不動産と比較したものです。田舎戦略で狙う福岡地方エリアの場合、物件価格は安いのに、賃料は福岡市と同等となることから、高利回りが得られます。2019年8月時点のデータでは、朝倉市、大牟田市、田川市、大川市などが該当します。

逆に、利回りがとりにくいエリアもあります。

＝利回りがとれるエリアは？＝

各エリアの地価公示価格と1LDK賃料相場

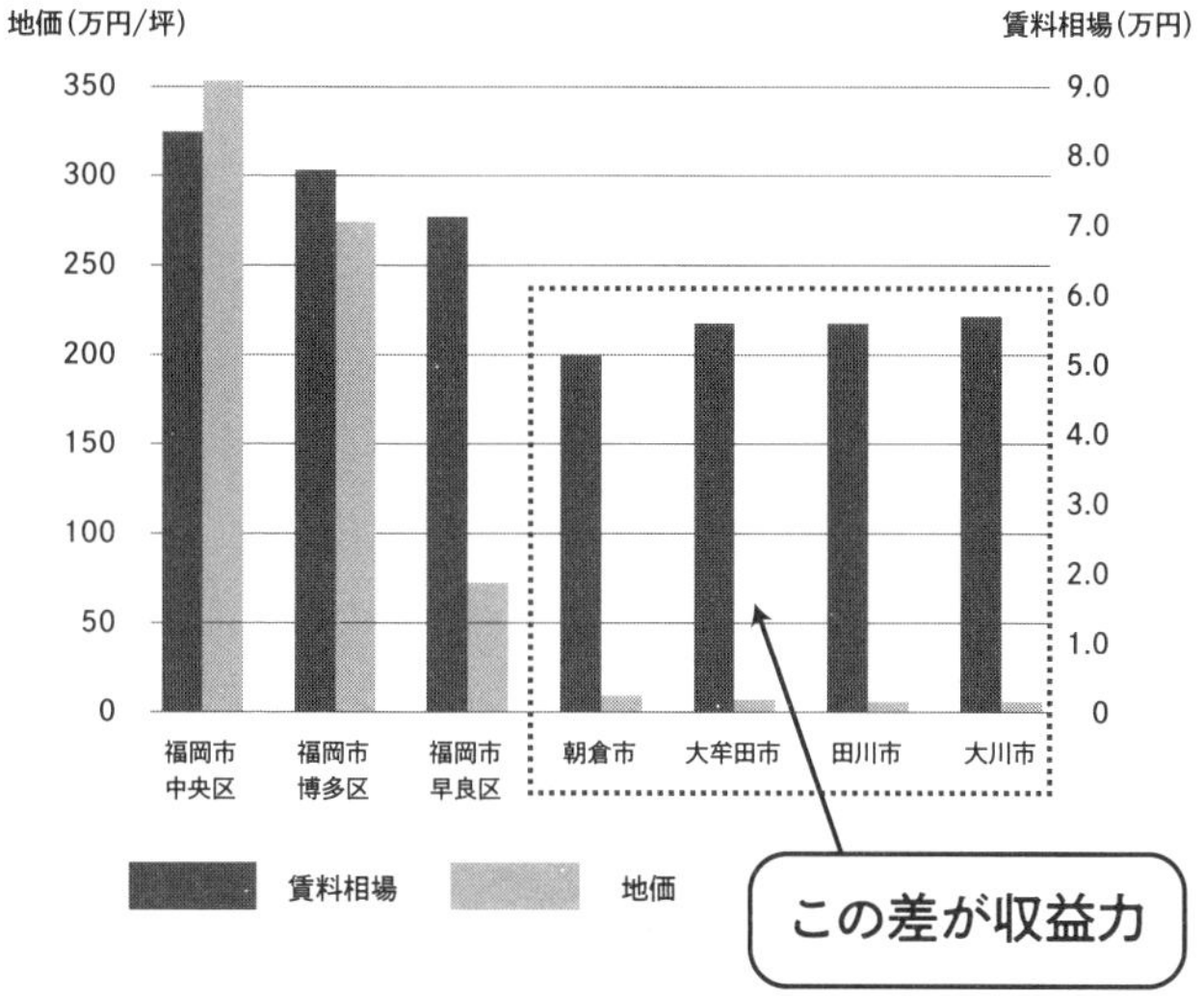

賃料相場が福岡市並みに高く、
坪単価が低い投資に適したエリア性

出典：LIFULL HOME'S ホームページ（空室率：2020 年、賃料相場：2019 年）、地価公示価格チェッカーホームページ（地価：2020 年）を参考に作成

賃料相場は福岡市並みに高いものの、坪単価も高いエリアだと、収益が出づらくなってしまうのです。筑紫野市、大野城市、大宰府市などが該当します。

また、高い利回りを望める一方、リスクが高いエリアもあります。坪単価は低いものの、空室率が高く、需要も低いエリアだと、ハイリスクです。飯塚市、豊前市、うきは市、みやま市などが該当します。

＝こんなエリアには注意＝

◆利回りの取りにくいエリア

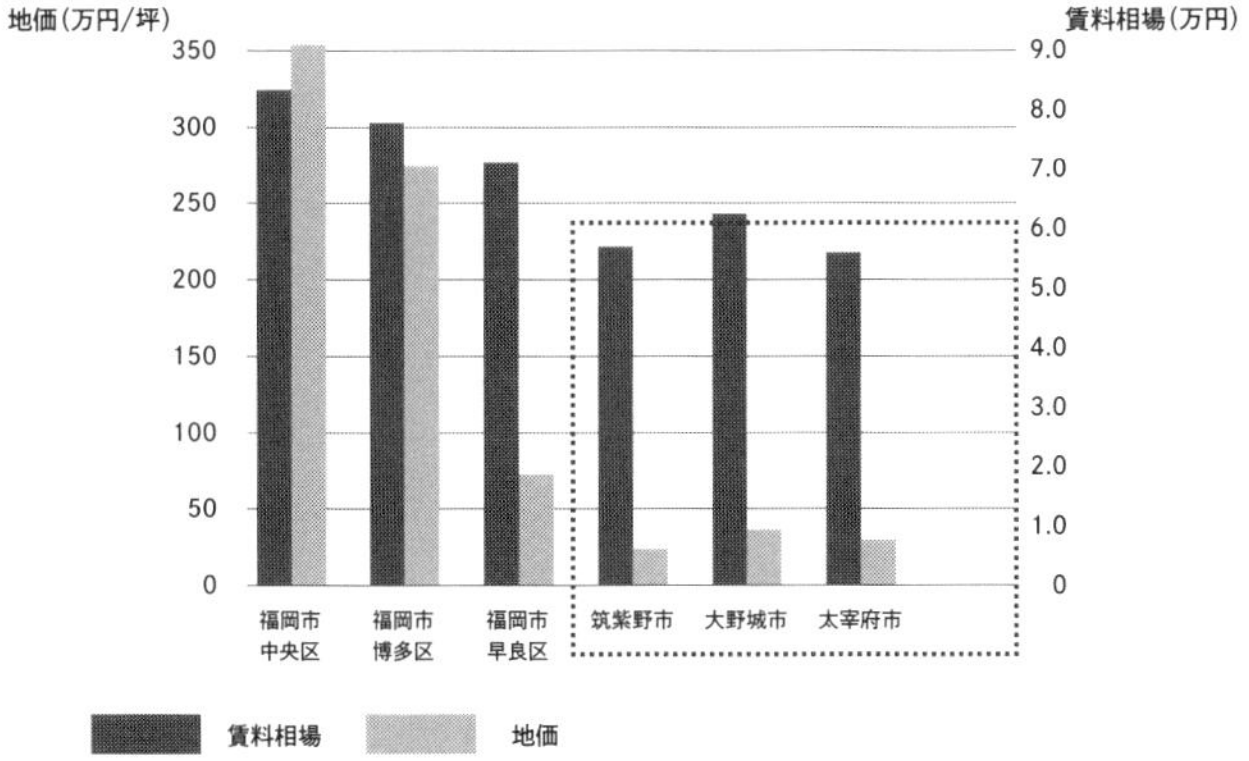

賃料相場が福岡市並みに高いが、坪単価が高く、収益が出づらいエリア

◆利回りはあるがリスクの高いエリア

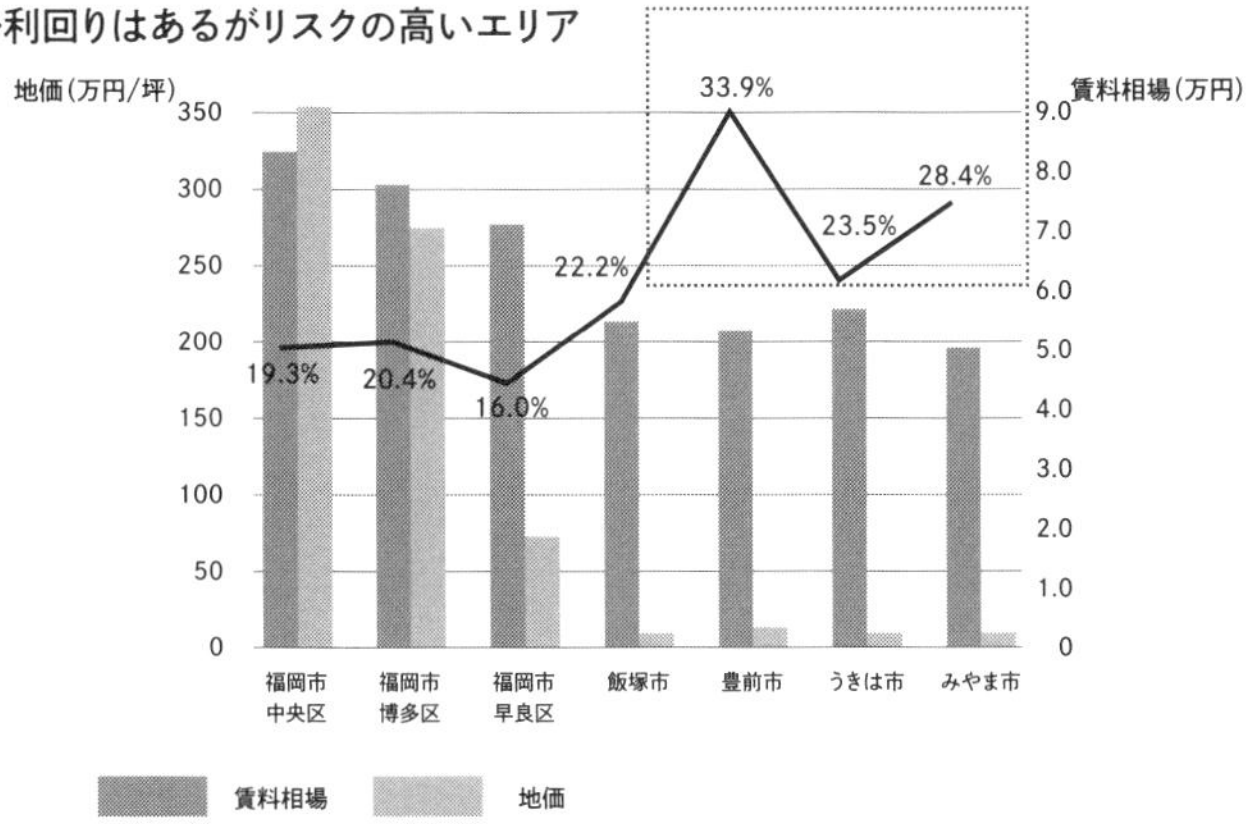

坪単価が低いが空室率が高く、需要が低いエリア

出典：LIFULL HOME's ホームページ（賃料相場：2019 年）、地価公示価格チェッカーホームページ（地価：2020 年）を参考に作成

Fukuoka

駐車場１５０％以上確保で収益性ＵＰ

田舎戦略では、収益性を上げる企画もポイントになります。鉄板は駐車場です。

地方エリアの場合、駐車場は必須です。田舎にいくほど車社会ですから、駅近の物件であっても駐車場は欠かせません。

私たちが提供する新築アパートでは、駐車場の敷地を１５０～２００％確保することを目安としています。土地の価格が安いエリアだからこそ、可能な企画です。

地方の場合、車は１人１台というケースが少なくありません。１ＬＤＫに２人で住めば、所有する車は２台。アパートの駐車場に車２台を止められたら、入居者に選ばれるための競争力となります。

加えて、駐車場代は賃料プラスアルファの収益です。

駐車場を広くとることで入居ニーズを満たし、さらに収益性も上がるのです。

＝グリードのオススメエリア①＝

◆朝倉市

▶福岡市、久留米市への車、電車でのアクセスに恵まれたエリア。

▶豊かな自然に恵まれ、フルーツの里として農業や果樹栽培が盛ん。

▶福岡の郊外ながら、商業施設がほどよくあり好立地。

▶工業地帯からも近く、有効求人倍率が高いため、働く人の賃貸需要も望める。

＝グリードのおすすめエリア②＝

◆西区姪浜駅周辺

▶再開発が完了した人気地区

▶姪浜駅は博多、天神に次いで地下鉄の乗降客数3位

	駅名	乗降客数（人／日）
1	博多	15万866人
2	天神	14万920人
3	姪浜	9万4849人
4	福岡空港	5万901人
5	西新	4万7347人
6	中洲川端	3万5774人
7	赤坂	3万1017人
8	天神南	2万8097人
9	藤崎	2万4049人
10	唐人町	2万1590人

出典：「国土数値情報（駅別乗降客数データ）」（国土交通省）（https://nlftp.mlit.go.jp/ksj/gml/datalist/KsjTmplt-S12-v2_3.html）を加工して作成

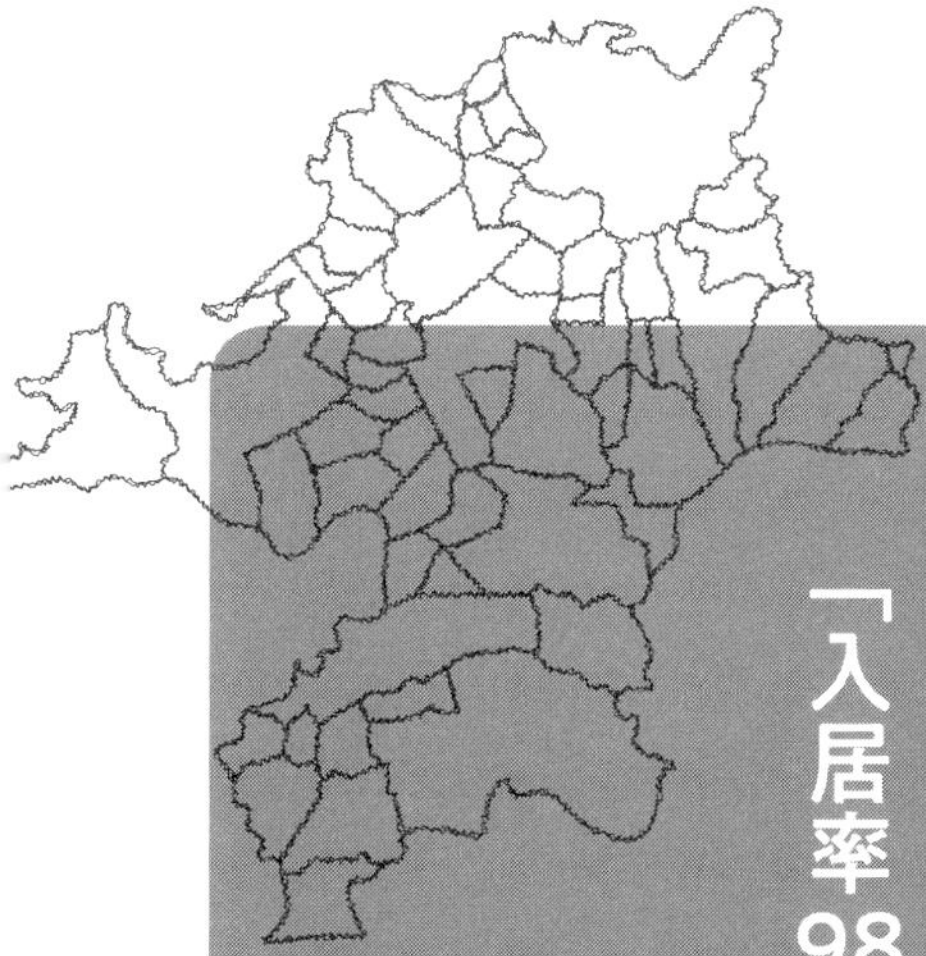

第4章

「入居率98・6%」の管理・損なしの売却

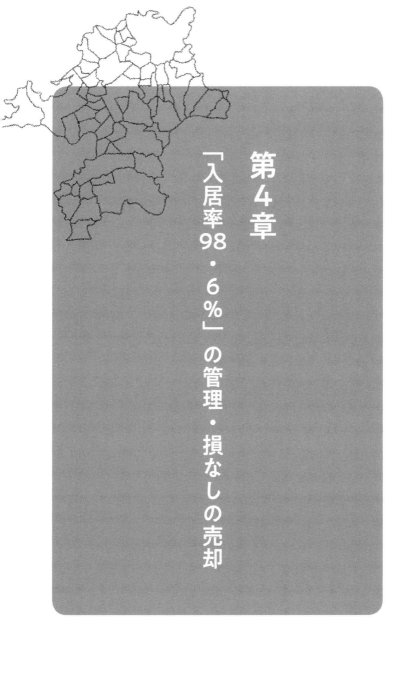

高い入居率を維持できる理由

福岡の入居率が高いエリアに新築アパートを建てたら、いざ賃貸経営のスタートとなります。以降の最重要課題は高い入居率を維持していくこと。そのカギを握るのが物件の賃貸管理です。

私たちは賃貸管理まで担い、当社の強みであることを述べました。本章では、入居率98・6％を実現している秘密を公開します。

また一方で、長い目で見て大切なのが物件の売却です。私たちはそのサポートも行っています。不動産購入後、行き当たりばったりの賃貸経営はＮＧ。最終的に損をしなくてすむ「出口戦略」についても解説していきます。

厳選した福岡の立地が有利に働くとはいえ、なぜ98・6％という高い入居率を維持できているのか。当社だからこそのポイントを順に説明していきます。

第一は、物件のデザイン力と充実の設備によるものです。これも当社の強みと述べ

ましたが、賃貸管理以前に、外観や室内のデザインおよび居住空間の快適性を備えることで、入居者に選ばれ続けているのです。

賃貸物件を探す人は、まずＳＵＵＭＯ（スーモ）やＬＩＦＵＬＬ ＨＯＭＥ'Ｓ（ライフルホームズ）などの不動産ポータルサイトで物件情報をチェックします。その際、外観や室内のデザイン性が高かったら、「この物件、かっこいい」「オシャレ」などと目を引くはずです。また、最新の各種設備が整っていたら、「ここに住みたい」などとなるのは必然の流れです。すると多くの問い合わせにつながります。

物件を内見すると、気持ちはさらに高まります。

当社が建てるのは「デザイナーズアパート」。スタイリッシュな佇まいの建物に、部屋のインテリアもスタイリッシュに演出されています。しかも、室内は居心地のいい造りです。

そこに、ハイスペックな設備を標準装備。木造アパートでは珍しいオートロックをはじめ、２口コンロのシステムキッチン、シャッター付きサッシ、自動湯はり機能のバスルーム、温水洗浄トイレなど、入居者ニーズの高い設備が充実しています。結果、内見した人が高い確率で契約するのです。

洗練されたアパートの外観は差別化になります。地方都市、特に田舎戦略の福岡地方エリア（福岡市以外の市）だと同様の建物は少ないため、競争力となって競合を圧倒することができます。

クオリティの高い設備も同様。他の物件を大きく勝る暮らしやすさ、居心地の良さを与えることができます。

そうなると、入居者は絶えません。

事前の入居者募集により、アパートの完成と同時に満室状態からスタートするのが当社物件の特徴です。以降、空室になってもすぐ埋まることから、高い入居率を維持できているわけです。

グリード仕様の新築 AP 事例写真

グリード仕様の新築 AP 事例写真

＝グリード物件の優れた設備①＝

2口コンロの広いシステムキッチン

料理がしやすいように、キッチンのスペースを十分に確保。シンクの水切りプレートや、水ハネを抑える泡沫吐水の蛇口を採用しています。グリル付。

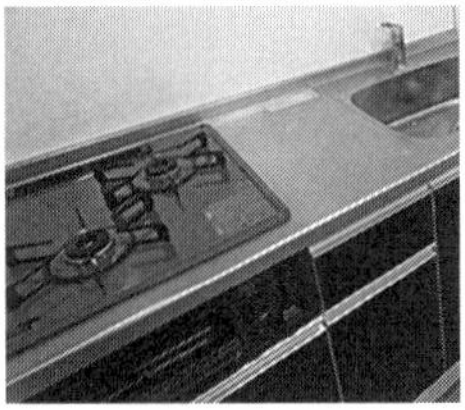

モニター付きインターホン

セキュリティ性を高めるために、録画&録音機能のあるモニター付きインターフォンを設置しています。

独立した洗面化粧台

収納棚もある便利なシャンプードレッサー。吐水部分が引き出せて、シャンプーや掃除に便利。手元のヘッドで、整水とシャワーの切り替えができます。また、二面鏡となっております。

ルームエアコン

先進タイプのエアコンが標準装備です。

＝グリード物件の優れた設備②＝

多機能で便利なバスルーム

バスルームにはカラッと乾くフロアを採用。温度調整ができるサーモスタット付き水栓や、追い焚き機能、自動湯はり機能のある給湯器、エアコン機器も設置しています。

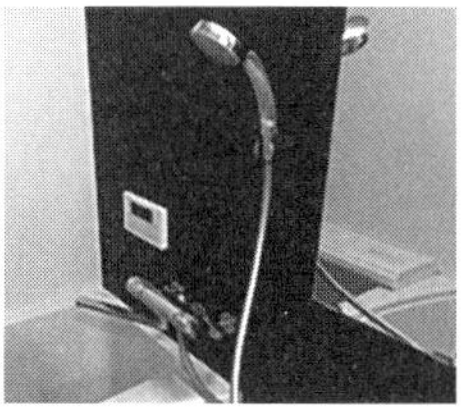

温水洗浄トイレ

便利な温水洗浄便座を設置しています。

シャッター付きサッシ

1階は、防犯性に優れたシャッター付きサッシを取り付けています。

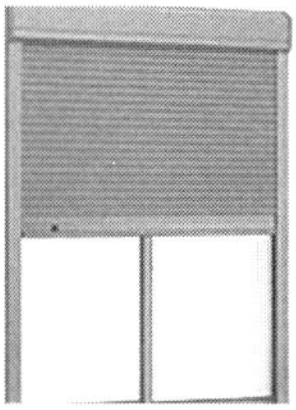

インターネット無料

全住戸にインターネット回線を整備。工事やモデムの設置も必要ありません。（物件やエリアにより異なる）

万全サポートの賃貸管理

次に賃貸管理。ここが一番のポイントです。「賃貸管理」とひと口に言ってきましたが、その業務は多岐にわたります。大きくは2つに分けられ、「入居者に関すること」と「建物に関すること」があると理解すればいいでしょう。

入居者に関することは、入居者募集に始まり、入居が決まったら契約の手続き、入居中は家賃の集金や滞納者の催促、クレーム対応などを担い、契約が切れたら更新、退去の立ち合いや敷金の精算などを行います。

建物に関することは、共用部分の定期的な清掃や設備の点検および不良対応、退去時の原状回復、リフォームの提案などが中心になります。

これら賃貸管理を私たちが請け負うため、オーナー様がアパート経営に手間や時間をとられることはありません。サラリーマンでも不動産投資の初心者でも安心して取

り組めるのはそのためで、オーナー様は毎月の家賃を受け取るだけですむのです。

アパート経営の収益は賃貸管理によっても左右されます。

賃貸管理を担う会社には、管理体制がいい加減なところも少なからずあります。そういった会社に物件の賃貸管理を依頼したら、入居者を確保できず空室状態が続いたり、建物の管理がおざなりで資産価値が下がってしまったりなど、思わぬ痛手を被ることになりかねません。

私たちの賃貸管理は、オーナー様にご満足いただけるものだと自負しています。入居者に関すること、建物に関すること、すべてにおいて万全のサポートを徹底しているからです。

その結果として、98・6％という高い入居率を維持し、将来の売却の場面でも納得の成果を実現しています。

入居者募集の独自体制①

私たちは、入居者に関する賃貸管理の要となる入居者募集に関して、独自の体制をとっています。

一般的な賃貸管理会社の場合、入居者募集を担うのは自社の仲介会社のみです。たとえば、エイブルが管理する物件はエイブルのみで入居者募集を行う、といった形で、仲介窓口は1社に限られます。

これは、賃貸契約時の仲介手数料を収益の柱としているがゆえです。

仲介手数料の相場は家賃1か月分＋消費税（10％）。家賃5万円なら5万5000円が仲介した業者に入る仕組みです。この仲介手数料を得るべく、物件情報を囲い込み、自社での客付けにこだわるのです。

対して私たちは、入居者募集を複数の仲介会社に依頼します。1社だけということはありません。エイブル、アパマンショップ、ミニミニなど、多くの仲介会社が客付

けの窓口になります。

当社の場合、賃貸契約時の仲介手数料を収益の柱にはしていないため、外部の仲介会社に広く委託できるのです。

また、地域の不動産会社のネットワークを構築しているからこそ、そういった体制をとることが可能となっています。

皆さんがオーナーだと仮定して考えてみてください。

入居者募集を、仲介会社１社だけで行うのと、複数の仲介会社で行うのではどちらを望むでしょうか？　答えは明らかですよね。

仲介窓口が多数あって物件情報を入居希望者に幅広く発信できるほうが、客付けの確率は格段に上がります。また、仲介会社同士で競争原理が働き、客付けのスピードも早まります。

私たちが第一に考えているのはオーナー様に利益を与えることです。オーナー様視点に立てば、複数の仲介会社で入居者募集を行ったほうが断然有利といえます。仲介会社との横のつながりを意識して連携を強化するなど、そのための日々の努力を怠りません。

入居者募集の独自体制②

入居者募集には、当社ならではの体制がもうひとつあります。

前述したように、賃貸物件を探す人は、まずスーモやホームズなどの不動産ポータルサイトの物件情報をチェックします。このとき、入居希望者の目に留まらなければ、内見にも契約にもつながりません。

そこで私たちは、不動産ポータルサイトへの露出を増やすことを提案しています。スーモやホームズをはじめエイブルやアパマン、地元・福岡の駅前不動産や三好不動産（約3万6000戸の賃貸管理戸数を誇る不動産会社）など、幅広い不動産サイトに物件情報が掲載されている状態を作るようにするのです。

ひとつの媒体にしか掲載されないより、多数の媒体に露出されたほうが効果は高いのは言うまでもないでしょう。

当社に打診いただいた場合、不動産会社のポータルサイト、ホームページでの物件掲載率は80％以上。物件情報の露出が増えることで、入居希望者の目に留まり、契約

＝入居者募集に対する賃貸管理会社の違い＝

◆一般の賃貸管理会社（1社だけで募集）

契約時の手数料を収益の柱としている→情報を囲い込み、自社での客付にこだわる

◆グリード

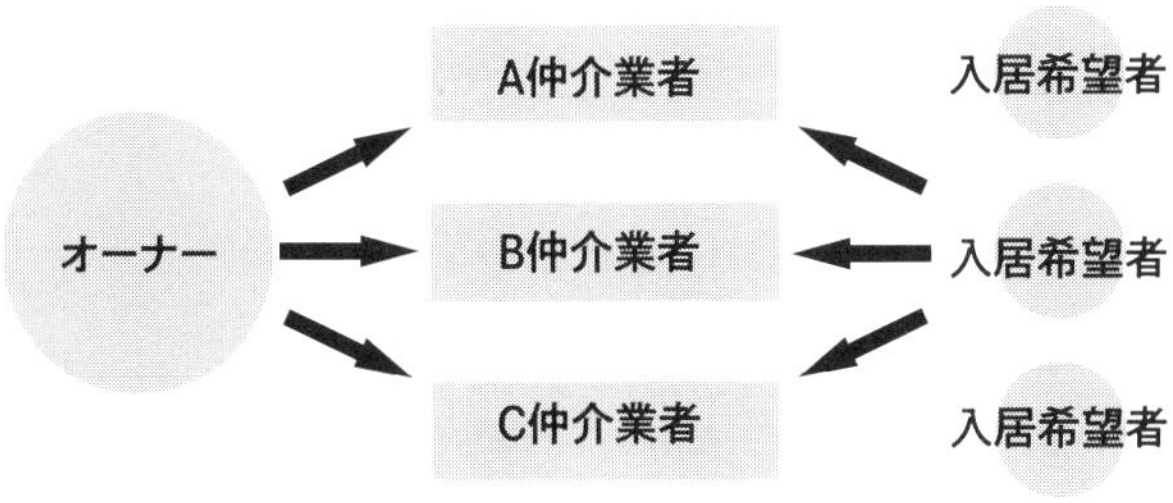

契約時の手数料を収益の柱としていない→幅広く情報発信（広告料付き）をする

につながりやすくなります。

ただし、物件情報の掲載は広告です。オーナー様の費用負担となるため、躊躇する人もいるかもしれません。広告を行うかどうかは個人の判断となりますが、必要経費として投じれば、期待以上の効果となるはずです。

余談ですが、賃貸仲介会社の営業マンを可愛がるオーナー様の物件が早く満室になるのはよくある例です。可愛がるというのは、賃貸を成約した営業マンにリベート（お小遣い）として家賃の50～100％を支払うこと。結果、物件が常に満室状態というケースも見られます。

＝露出を増やす努力も怠りなく＝

いまはポータルサイトを見て部屋を決める時代

↓

どの不動産サイトを見ても掲載されている状態をつくる

↓

各不動産会社のポータルサイト、ホームページに
掲載されているか常にチェック

↓

物件掲載率80%以上

不動産賃貸仲介（全国）	不動産賃貸仲介（福岡エリア）	ポータルサイト（全国）
Dramatic Communication アパマンショップ NETWORK	駅前不動産	SUUMO スーモ produced by Recruit
エイブル	三好不動産	不動産情報サイト アットホーム at home
お部屋探しの強い味方！ minimini 株式会社ミニミニ公式サイト	ドリームステージ きっと見つかる、私のお部屋	LIFULL HOME'S
お部屋さがしは いい部屋ネット		
ハウスコム		

建物管理も徹底

一方、建物に関する賃貸管理は、自社で徹底して行います。

オーナー様の物件の共用部分を定期的に清掃し、キレイな状態を維持します。入居者が住みやすい環境を強く心がけるのが当社の鉄則のひとつです。

その原点は私自身の不動産投資家としての体験にあります。

30代で物件を所有したときのこと。私は管理会社に任せることなく、自ら管理業務を行いました。定期的に物件に足を運び、敷地内の草をむしったり、ごみを拾ったりなどして、常にキレイな状態を保つことに努めました。建物の管理はまさにそういった姿勢が基本だと社員に伝え、徹底させているのです。

物件がキレイな状態で保たれていれば、空室になっても入居者はすぐ決まります。新たな入居希望者が内見したら、ひと目惚れとなるからです。そして、キレイで住みやすい環境に腰を落ち着け、長く住んでもらえます。

これはオーナー様が一番に望むことに他なりません。

Fukuoka

管理費用の現実

「高い入居率を維持していくには、設備や建物の維持管理にある程度お金がかかるのではないか……」

そう思っている人は少なくないでしょう。

しかし、新築アパートの場合、建ててしばらくの間は、オーナー様の負担はそれほど重いものではありません。

先の入居者に関することに加え、建物の共用部分の清掃をはじめ、設備の点検および不良対応など賃貸管理全般の業務は、私たち業者に支払われる毎月の管理委託手数料で賄われます（一部別途）。

管理委託手数料の相場は「家賃×5％（消費税別）」。アパートの家賃が5万円なら、2500円となります。当社の場合も、管理委託手数料は「家賃×5％」です。

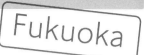

室内の設備が故障などした場合の修理費用については、入居者の故意・過失によるものなら入居者の負担となります。オーナー様の負担となるのは経年劣化によるものに限られ、新築の場合、すぐに費用が発生することはまずありません。また、経年劣化といっても最近の設備は高性能となっているため、長持ちして故障しにくいという面もあります。

近年は自然災害が多く、台風や集中豪雨などによる被害を心配する人もいるでしょう。備えるべきは火災保険です。火災保険は火災に限らず、風災、水災、落雷などの自然災害を幅広くカバーし、建物や家財の損害を補償してくれます。入っておけば安心です。

実際、当社のアパートが落雷に遭い、コンピューター制御の電化設備を全部屋分交換しなければならなくなったときに、火災保険に入っていたことで費用全額を保険で賄えたというケースがありました。

ある程度の資金を必要とするのは、アパートの大規模な修繕を行う場面です。

建物は年を重ねるごとに古くなっていき、外壁や屋根などの大がかりな修繕を余儀なくされるときを迎えます。その際はまとまった資金がかかることを想定しておいてください。

ただ新築の場合、大規模修繕までには時間的な余裕があります。10～15年程度のスパンがひとつの目安なので、アパート経営がスタートしたら家賃収入の一部を計画的に蓄えるようにしましょう。

不動産売却の目的を明確に

最後に、物件の売却、出口戦略について解説します。

不動産に投資（購入）する場面を入口とし、売却する場面を出口と捉えます。出口で問われるのは、「どれだけの効果を上げられたか」。投資ですから、高い効果を求めるのは当然です。

そのためには、あらかじめ戦略的な備えが必要になります。

アパート経営をしていく中で、

「物件を売却し現金化するか？」

それとも、

「このまま保有し続けるか？」

という判断を迫られるときが必ずやってきます。

そのときになって慌てないように、売却の目的を明確にしておくことは非常に重要

かつ大切です。

不動産売却の目的は、大きく4つ考えられます。

1 購入時の物件価格より高い価格で売り、売却益を狙う
2 借入金の返済が順調で手元資金に余裕ができたタイミングで再投資する
3 大規模修繕などの大きな出費に備え、売却によって将来的なリスクを回避
4 相続税の納付資金を生前に確保、また現金化することで財産分与しやすくする

売却の目的を明確にすれば、あらかじめ売却のタイミングをはかることができ、落ち着いて対処できるのです。

出口戦略はプロのアドバイスが必須

いざ不動産を売却する場面では、高値で売れることを望む人が多いと思います。実はそこに思わぬ落とし穴が待っています。

高値で売れることは喜ばしいことですが、投資に対する利益が確定するのは売却益にかかる税金を払い終えた後になります。せっかく高値で売却できたとしても、税金を多く払い、手元にたいしてお金が残らないとなったら、悲しい思いをすることになるでしょう。

そんな事態を避けるには、「売却益の最大化」を狙った税金の理解と準備が必要になります。物件の保有期間とタイミングを見計らい、支払う税金を極力抑えた出口戦略を立てて臨まなければならないということです。

ただ個人でそれを実行するのはハードルが高いため、私たちのサポートの出番とな

ります。

当社では売却益を最大化するために、各種税金や保有期間なども含めて、最適な売却時期をコンサルティングしているのです。

なお、オーナー様の売却物件は「楽待」「健美家」という２つの不動産投資情報サイトに掲載されます。

楽待は、国内最大の不動産投資ポータルサイトです。投資用物件探しで絶大な人気を誇り、収益物件掲載数は国内ナンバー１（自社調べ）。利用者数、賃貸経営に役立つサイト、売却成功率でもナンバー１となっています（ゴメス・コンサルティング株式会社調べ）。

楽待ホームページ　https://www.rakumachi.jp/

健美家ホームページ　https://www.kenbiya.com/

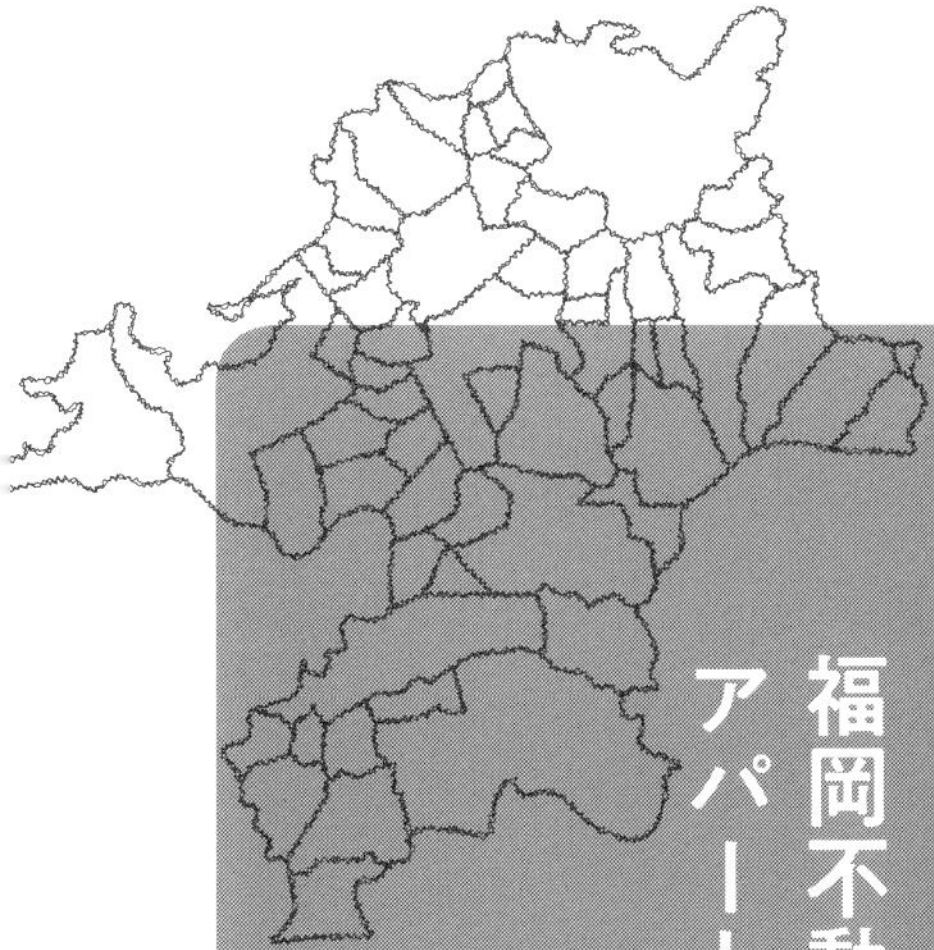

第5章
福岡不動産投資成功事例＆アパート経営収支シミュレーション

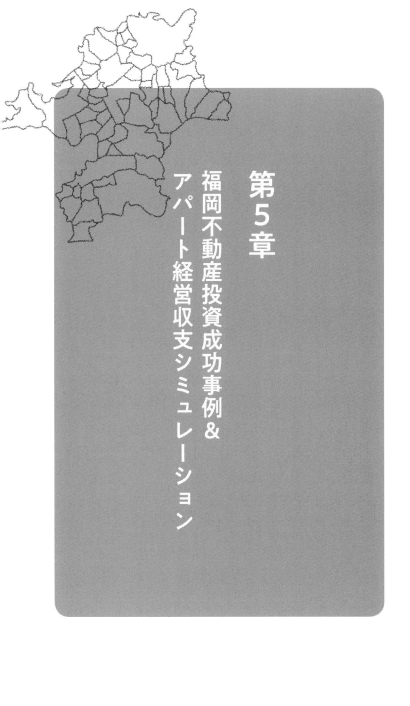

Fukuoka

福岡不動産投資、3人の成功事例

ここまで読み進め、福岡での不動産投資に興味を持った人が多いと思います。ただ、興味を持っても行動しなければ何も始まりません。

資産運用は早く始めたほうが有利と言われます。理由は、時間を味方にできるからです。不動産投資もしかり。福岡の勝てる立地なら、時間を味方にしながら資産を大きく増やすことができます。1億円の現金資産保有も夢ではありません。

賢い人は、すでに行動を起こしています。この章では、当社を通じて福岡の地で不動産投資を実践する3人の事例を紹介します。現役サラリーマン、元サラリーマン、歯科医師の3人です。

実際に不動産投資、賃貸経営で成果を上げている人の成功までの道のりを、参考にしてください。

事例1　新田雄二さん（仮名・51歳）

ＩＴ企業役員、年収950万円、既婚、熊本県在住

２０２０年１月に銀行の融資が通り、念願だった不動産投資家デビューをつかみとった新田さん。当社がプランニングした新築アパートの完成は同年11月予定。ＩＴ企業の役員として働く傍ら、賃貸経営がスタートするのを楽しみにしています。

「グリードさんに出会うまでは紆余曲折ありました。買ってはいけない物件を購入しそうになったり、自己資金の乏しさから多くの不動産会社に相手にしてもらえなかったり……。そんな苦労を経て縁に恵まれ、道が開けました」

はたしてどのような紆余曲折があったのか。詳しく見ていきましょう。

資産運用の必要性を感じていたところ、不動産投資と出会う

新田さんの年収は950万円。一般のサラリーマンより高めです。しかし、年収が高くなるにつれて税金も高くなるため、可処分所得は増えていかない。一方、子どもの教育費などでお金がかかるのに、年収に反比例して公的な支援は薄まっていく。次第に老後の不安を感じるようになっていったといいます。

「そこで投資を思い立ちました。2015年くらいのことです。株やFXの投資に挑戦し、個人型確定拠出年金『iDeCo（イデコ・個人型確定拠出年金）』や『NISA（ニーサ・少額投資非課税制度）』も始めました」

投資に関するアンテナを張り巡らせていた新田さんはある日、異業種交流会に出席。そこで知り合った不動産会社の営業マンに、不動産投資を持ちかけられます。勧められたのは新築ワンルームマンション投資でした。老後の年金対策になる、生命保険代わりになる、節税対策になる、といった耳障りのいいセールストークに魅かれ、物件購入へと気持ちが傾いていったそうです。

「ただ、どうしても引っかかる部分があり、最終決断には至らなかったんです。というのも、福岡市博多区の１ＬＤＫマンションだったんですけど、家賃収入からローン等を差し引くと毎月１万５０００円程度の赤字に……。これは投資としておかしいなあと思って。いま考えればやらなくて正解でした」

不動産会社で門前払いの扱いを受ける

以来、新田さんは不動産投資の勉強に本腰を入れるようになります。関連の書籍やサイトを読み漁って情報収集を行い、不動産投資をするなら福岡市がベストと判断し、市内の不動産会社を飛び込みで訪問したり、セミナーに出席したりしました。

「私は熊本県某市在住ですが、以前、福岡市で10年ほど働いていました。不動産投資で福岡市をベストだと思ったのは、九州の中で人口が増えているのは福岡市くらいだったからです。しかも全国で見ても福岡市の人口増加率はナンバー１ですよね。福岡市内なら土地勘もあるし、賃貸ニーズが高いと読んだわけです。勉強し改めて選ぶべきではないとわかった新築ワンルームを避け、新築や中古のアパート、RCマンションに的を絞って市内の不動産会社を回りました」

しかし、ほとんどの不動産会社で聞く耳を持ってもらえず、門前払いの扱いだったのです。その理由を明かします。

「自己資金がほとんどなかったんです。本音を言えば、自己資金をできるだけ使わず、銀行の融資をうまく活用して不動産投資をやりたかったんですよ。ただそれを不動産会社の人に話すと、『うちではフルローン、オーバーローンは無理』『最低でも物件価格の10%の頭金が必要になる』などと言われ、相手にしてもらえませんでした。どこも冷たい対応だったのを記憶しています」

銀行審査の結果、フルローンが実現する

そんな中、当社との出会いがあったわけですね。

「はい。不動産投資セミナーに出席し、新築アパート経営について詳しく聞き、魅力を感じました。セミナー終了後、担当された従業員の方が親身に話を聞いてくれたのも嬉しかったです。自己資金が100万円程度しかないことを正直に伝

えたら、『どうにかなるかもしれないので、一度一緒に銀行に行ってみませんか？』と寄り添ってもらえました。もちろん、二つ返事で承諾しましたよ」

当社の新築アパートプランを持ち、必要な書類も揃えて銀行を訪問しました。それが冒頭で説明した２０２０年１月のことです。

「審査の結果、フルローンが叶いました。同業他社では無理と言われ続けていただけに、ありがたかったです。グリードさんの取引銀行のネットワークや担当の方のサポートがあったからこそだと思います。あと、何より立地の良さが有利に働いたのでしょう」

契約した物件は好立地の朝倉市

新田さんが契約を結んだのは朝倉市の新築アパートプラン。朝倉市は福岡県の中南部、筑後地域に位置する市です。新田さんは当初は福岡市内を希望していたものの、当社のアドバイスから朝倉市の同プランに目を向け、契約に至りました。

「土地・建物をあわせた価格は５６０５万円。１ＬＤＫ・６戸、家賃５万５５０

０円で駐車場付き。利回りは満室想定で年７・６４％です」

朝倉市は福岡市、久留米市への車、電車でのアクセスに恵まれたエリア。物件は最寄り駅徒歩５分の立地に建ち、周辺には工場が多数あります。

「福岡の郊外ですが、田舎というわけではなく、商業施設がほどよくあって好立地です。また、朝倉市は県の中で有効求人倍率が高い地域なので、働く人の賃貸需要も望めます。利回りはそれほど高くない分、長期的に安定した収益を得られそうだと判断しました」

毎月の家賃収入は35万７０００円（駐車場代込み）。対して毎月のローンは21万１２１０円。その他経費を除く毎月のキャッシュフローは14万５７９０円となります。

「万が一、６戸のうち半数が空室になったとしても、私の給料の範囲内でローンをカバーできる。そういった事前のシミュレーションも行い安心できたので、最終的に決断しました」

・賃貸経営成功のための6つのポイント

新築アパートの完成は同年11月。そこから賃貸経営がスタートします。「物件の管理はグリードさんにお任せなので、私自身がやることは特にありません。本業のサラリーマンをしながら、家賃収入が入るのを待つのみです」

不動産投資、賃貸経営の成功のポイントを聞くと、まだ成功していないと謙遜しながらも、次の6つのポイントを挙げてくれました。

・良い不動産会社を選ぶこと
・初めて購入する物件はもっとも重要度が高い。銀行がその人の事業スタンスを最初の1件を見て読み解くから。このことは次の融資に影響を与える
・キャッシュフローを高く保つこと
・不動産で得た利益を娯楽などでムダに使わない
・不動産投資で生活できるレベルになるまで、融資を引き出すためにいまの個人属性をキープする

・謙虚であること

最後に、今後の目標を聞きました。

「60歳までにアパートまたはＲＣマンションを10棟以上経営したいと思っています。まずはグリードさんにお力添えいただいたアパート１棟を満室経営し、次の物件運営につなげていきたいです」

※現在建設中

新田雄二さん（仮名・51 歳）の物件紹介

所在地：福岡県朝倉市
構造・間取り：新築アパート・１LDK ６戸
価格：5605 万円
利回り：年 7.64%
年間家賃収入：428 万 4000 円
年間キャッシュフロー：174 万 9480 円

事例2　田沢敦さん（仮名・49歳）

元会社員（広告業）、年収非公開、既婚、福岡県在住

まずは、田沢さんの不動産投資歴を紹介します。

田沢さんは１９７１年生まれ。大学院卒業後、広告業界へ。２０１４年、42歳のときに不動産投資を開始しました。以来、福岡市や他の市を中心に物件を買い進めています。

２０１４年新築アパート２棟購入、妻が新築アパート１棟購入
２０１５年新築アパート１棟購入
２０１７年新築アパート１棟購入、妻が新築アパート１棟購入
２０１８年法人設立、新築アパート１棟購入
２０１９年新築アパート４棟購入、妻がテナントビル１棟購入

２０２０年新築アパート２棟購入

この購入ペースに驚いた人は多いと思います。田沢さん（正確には田沢さん夫婦）は不動産投資開始から６年で、アパート13棟とテナントビル１棟を所有するまでになったのです。

アパート経営の収支の推移を見てみましょう。

２０１４年アパート１～３棟
・年間家賃収入１４４０万円、年間返済・管理費等１１１０万円
・年間キャッシュフロー３３０万円
２０１５年アパート４棟
・年間家賃収入１９６０万円、年間返済・管理費等１５６０万円
・年間キャッシュフロー４００万円
２０１７年アパート６棟
・年間家賃収入２６６０万円、年間返済・管理費等２１４０万円

・年間キャッシュフロー520万円
2018年アパート7棟
・年間家賃収入3080万円、年間返済・管理費等2460万円
・年間キャッシュフロー620万円
2019年アパート11棟
・年間家賃収入4910万円、年間返済・管理費等3900万円
・年間キャッシュフロー1100万円
2020年アパート13棟
・年間家賃収入5780万円、年間返済・管理費等4570万円
・年間キャッシュフロー1210万円

年々、家賃収入とキャッシュフローが積み上がっているのがわかります。なぜこれほど順調に成果を上げられたのか。その秘密を分析したいと思います。

不動産投資成功の２つのキーワード

キーワードは２つ。「夫婦」と「スピード」です。

田沢さんは２０１４年、初の不動産投資セミナーに夫婦で参加しました。二人で話を聞いたことにより、アパート経営に関する知識、意識レベルの意思統一を容易に図れたと利点を語っています。

既婚者の場合、夫が不動産投資を始めたいと思っていても、妻のほうが反対して夫婦の足並みが揃わないケースも少なくありません。

その点、田沢さんは奥様の合意を得られやすかったのでしょう。

不動産セミナーの翌日、すぐに行動を起こします。福岡市南区の現地見学会に夫婦で参加し、そこで東区の物件情報を提案されたそうです。

そして翌週には東区の物件を夫婦で見学。プラン書に購入時に必要な諸経費が詳細に記され、自己資金、ローン、税金等を踏まえた最終的な手残り金額も書かれていたことから、安心して不動産投資に踏み出せたと話しています。

その後、ローンに必要な書類を1週間で用意して銀行へ提出。審査をすんなり通過して、新築アパート2棟を同時にスピード購入することができたのです。

当時の田沢さんの年収は500万円。貯金は300万円あったものの、特別高い属性だったわけではないことがわかります。

一方で新築アパート2棟購入後の同年、他の顧客の融資がつかなかった物件を紹介され、今度は奥様のほうが購入をスピード決断。3棟目のオーナーとなっています。

夫婦の力とスピード重視で不動産投資を有利に

不動産投資が最初からうまくいった要因を、田沢さん自身も、夫婦の力とスピードを重視したことにあると明言しています。

夫婦の力は不動産投資セミナーへの夫婦参加による意思統一が、デビュー2棟同時購入と奥さんの3棟目購入の即決を生んだことを指し、追い風となったのは勤続年数の長さと共働きでした。

スピードを重視したのは、不動産投資の事前学習によるものです。

良い物件は既存オーナーに情報がいき、新規オーナーには優先度合いが低いことを勉強して知っていたため、スピード対応を強く意識していたのです。

たとえば、物件情報を得たら、いち早く物件見学に行く。すると、購入申込順は上位になります。

また、購入を決断したら、融資に必要な書類を即座に揃える。すると、融資通過順は上位になります。

サラリーマンを卒業し、セミリタイアを実現

夫婦の力とスピード重視の姿勢を核に、優れた行動力、決断力なども相まって、短期間でアパート13棟まで物件を増やすことできた田沢さん。

２０１９年に当社の不動産投資セミナーに参加し、同年、福岡県朝倉市の新築アパートを購入しています。物件価格４９４０万円。利回り年８・７４％の物件です。このときの行動、決断の早さも目を見張るものがありました。スピード、行動、決断のスキルの高さは不動産投資成功者に共通する資質です。

現在、田沢さんはサラリーマンを卒業。セミリタイアを実現し、次なるステージへと踏み出しています。今後、物件の取得や売却をしながらさらに資産を積み上げ、飛躍されるのは間違いないでしょう。

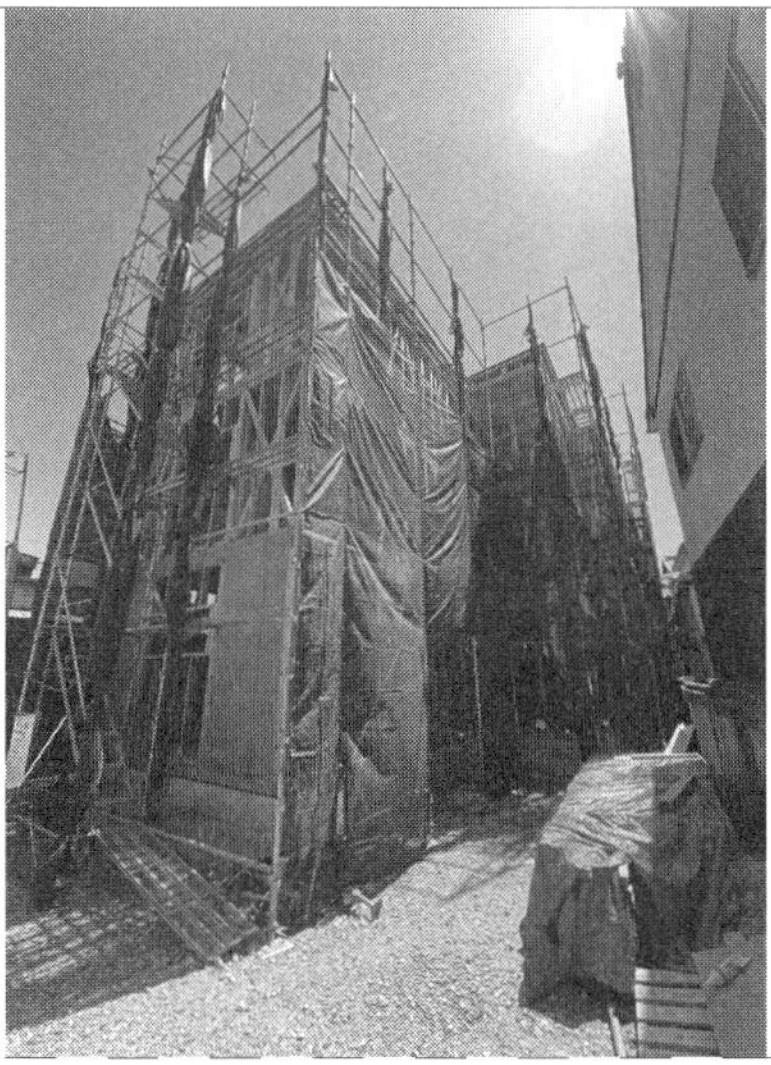

※現在建設中

田沢敦さん（仮名・49 歳）**の物件紹介**

物件所在地：福岡県朝倉市

構造・間取り：新築アパート・１LDK ６戸

価格：4940 万円

利回り：年 8.74%

年間家賃収入：432 万円

年間キャッシュフロー：187 万 8000 円

事例3　滝本大作さん（仮名・65歳）

歯科医、年収非公開、既婚、福岡県在住

福岡で歯科医院を開業した父親の後を継ぎ、二代目としてキャリアを積み重ねてきた滝本さん。歯科医ではあるものの、不動産投資家としての顔を持ち、ＦＸなどの投資や他の事業も行っているパワフルな先生です。

福岡市内に持つ不動産資産は約５億円。マンションやアパート、商業ビルなどを４棟ほど所有し、うち１棟は当社を通じて購入いただき、管理も担う物件です。不動産だけなく、その他、億単位の金融資産を持っています。

豪快な生き方をされている滝本さんの人生の歩みと、華麗なる投資遍歴を簡単に紹介しましょう。

資産拡大への道のり

滝本さんは、父親の後を継いですんなり歯科医となったわけではありません。高校時代に目指したのはボクサー。九州一の強豪校に通い、ボクシングに明け暮れる日々を送っていました。

当然、父親は許すはずもありません。しかし滝本さんも譲らず、父子間の争いは警察も出動する乱闘騒ぎにまでなったと聞いています。

最終的には和解したのか滝本さんは上京し、浪人を経て神奈川県の歯科大に進みました。福岡を離れたわけです。

そして卒業後、神奈川で開業したのです。

一方で、30代前半から不動産投資を始めます。昭和の最後、ちょうどバブル全盛期です。土地を次々と売り買いし、ゴルフ場など複数の事業に投資して成功をつかみました。バブル時代ですから、大金を手にしたのは間違いでしょう。

ただ、同時に失敗もたくさん経験しました。大金を失う痛い目を見たそうです。とはいえ、滝本さんは独自の投資哲学を持っていました。不動産への投資を5本走らせていたら、「2本コケても、3本勝てばいい」と話していました。バブル崩壊後、平成の世になっても、積極的な投資姿勢を貫き続け、酸いも甘いも経験しながら資産を拡大されてきたと思います。

地元福岡でも積極的な投資を行う

そんな滝本さんが福岡に戻ったのは2017年。地元に愛される歯科医院長だった父親が他界し、後を継ぐことになったのです。

一方、福岡でも不動産投資に積極的なのは変わりません。マンション、アパート、商業ビルなど次々と投資する豪傑ぶりで、成功もあれ失敗もあれという中、揚々としておられます。

現在は前述した通り4棟ほどの所有に落ち着き、約5億円の資産。ローンはほぼ完済に近いため、売却したら同額のキャッシュを得られます。もちろん、税金を抜いての話ですが。

不動産投資以外でも、ＦＸで億単位儲けたり、億単位損したり。また仮想通貨に手を出して大儲けしたり、大損したり。とにかく豪快な先生です。

マインドとリテラシーに学ぶ

いかがでしたか？　滝本さんと自分とでは別世界の話だと感じた人もいるかもしれませんが、不動産投資を志す一般のサラリーマンに学び取ってほしい部分があります。滝本さんの不動産投資家としてのマインドとリテラシーです。

滝本さんは不動産投資に関して、果敢に挑戦する姿勢を持っています。それは知識や分析力に裏打ちされたものです。物件情報を瞬時に精査し、いけると思ったら即行動に移す。不動産投資におけるマインドとリテラシーが優れていたからこそ、チャンスをつかみ、成功できたのです。

一般のサラリーマンの場合、不動産投資の勉強し、物件情報を得るところまでは難なくできます。でも、多くの人はそこから先に進めません。

〝ノウハウコレクター〟という言葉があるように、ノウハウを学ぶことに満足してしまうと、優良な物件情報を得ても反応できず、躊躇するばかりとなります。これではチャンスをつかめるはずもありません。ノウハウ偏重とならず、不動産投資のマインドとリテラシーに磨きをかけてください。

不動産投資なら、一般のサラリーマンでも滝本さんのように億万長者を目指せます。金融機関の融資をテコにして、億単位の資産、億単位のキャッシュを築き上げることが可能なのです。

滝本大作さん（仮名・65歳）**の物件紹介**

物件所在地：福岡県福岡市東区箱崎

構造・間取り：新築アパート・1LDK 6戸

価格：6680万円

利回り：年7.01%

年間家賃収入：468万円

年間キャッシュフロー：185万4960円

不動産投資塾をスタート

3人の不動産投資家の事例を紹介しました。彼らのように、不動産投資で成功する人を増やすのが私たちの願いです。

そこで当社では2020年9月、福岡の収益物件研究を目的とした不動産投資塾「Ｖｉｓｉｏｎａｒｙ　Ｓａｌｏｎ悟圓（ゴエン）」をスタートさせました。

「不動産投資で失敗する人をゼロにする」

「不動産投資に踏み出せず、後悔する人をゼロにする」

というのが私たちグリードのミッションです。

では、なぜ不動産投資で失敗する人、後悔する人が出るのでしょうか？　その答え

は次に記す通りで明らかです。

◆投資物件に対する情報不足
↓儲からない物件を購入してしまう
◆実際に不動産投資を行う人との接点不足
↓実態がわからないので足踏みしてしまう
◆賃貸経営に対する知識不足
↓リスクと対応方法を知らないため購入後に困ってしまう

これらを解決するのが不動産投資塾「悟圓」です。

具体的には、年5回の勉強会と年1回の物件視察を実施。成功事例、失敗事例の共有により成功の可能性が広がることを狙いとしています。

情報交換会・懇親会も実施。実際に福岡で不動産投資を行う人と接することで、価値ある情報を得られるのは間違いないでしょう。

入会金、会費もリーズナブルな料金設定となっています。

塾生の特典は大きく４つ。

・優先的な物件紹介
・パートナー税理士による30分税務相談、相続相談
・金融機関の紹介
・持ち込み物件の相談対応

９月実施の第１回では、現役不動産投資家やメガ大家、税理士、銀行員などを交えた座談会を開催しました。不動産投資に関わるプロたちの話を聞ける機会はほとんどないため、大いに参考になったはずです。

収益不動産は決して安い買い物ではないですが、人生を左右する価値ある買い物となります。当社の不動産投資塾を通じていろいろな投資家の話を聞き、皆さんの人生プランに役立てていただきたいと思います。

福岡、九州での不動産投資家の成長を支え合うプラットホーム、「不動産投資で失敗しない、後悔しない、人生を豊かにする」が実現する場にぜひご参加ください。

＝不動産投資塾 Visionary Salon 悟圓（ゴエン）＝

悟圓(ゴエン)がめざす姿

▶福岡、九州での不動産投資家の成長を支え合うプラットホーム

▶「不動産投資で失敗しない、後悔しない、人生を豊かにする」に

共感いただける不動産投資家のプラットホーム

◎年5回の勉強会・年1回の物件視察を実施

成功事例・失敗事例の共有により成功可能性が広がる

◎情報交換会・懇親会を通じた一次情報の取得

実際に福岡で不動産投資を行う人と接することで必要な情報を得る

塾生の特典

特典① 優先的な物件紹介

特典② パートナー税理士による30分・税務相談・相続相談

特典③ 金融機関の紹介

特典④ 持ち込み物件の相談対応

Fukuoka

アパート経営収支シミュレーション公開

本章の最後に、当社アパート経営の収支を公開します。

先に説明した街中戦略（福岡市内）と田舎戦略（福岡市以外の市）、それぞれの物件概要、価格、資金計画、収支シミュレーションなどを詳細に説明しているので、参考にしてください。

＝収支シミュレーション①＝

土地を購入してアパート経営

▶物件概要

ー土地ー

所在	福岡市西区姪浜●ー●ー●
土地面積	約125.7m³(38.03坪)
用途地域	第二種住居地域
建ぺい率	60%
容積率	200%
道路	公道(42条1項道路)

ー建物ー

タイプ	3階建て・1LDK(福岡)新福岡単価
構造	木造サイディング造　準耐火構造3階建
間取り	1LDK
ガス	プロパン集中
上水道	公営水道
下水道	公共下水

ーローン利用期間ー

月々予定利益	148,160円
年間予定利益	1,777,920円

＝収支シミュレーション①＝

ー物件価格 7,202万円(税込)ー

土地価格	3,300万円　@87.55万円/坪
建物価格	3,740万円(税込) 本体工事価格 3,400万円 消費税 340万円
水道工事代金	132.00万円(税込)
諸経費	308.0万円(税込) 登記料･火災保険料･ローン手数料･他
総事業費	7,510万円(税込)

表面利回り 7.27%

上記の表面利回りは諸経費･消費税を控除した金額により算出致しております。

投資利回り 66.04%

自己資金額により変動。ローン返済差引き後の年間予定収益÷投入自己資金額で算出します。

年間収入予定 489.6万円

▶資金計画

自己資金	310万円
ローン借入合計	7,200万円

ー月額家賃収入予定ー

①平均家賃	68,000円(戸)×6戸 ＝	月々の賃料収入
②駐車場	0円(台) × 0台	408,000円

ー月額ローン返済額ー

7,200万円借入	月々返済額	237,400円	月々ローン返済
35年返済		団信保険付 1.97%	237,400円

＝収支シミュレーション①＝

▶資金収支（キャッシュフロー）シミュレーション

単位:千円

項目名	初年度	2年目～5年目	6年目～10年目	11年目～15年目	16年目～20年目	21年目～25年目	26年目～30年目	31年目～35年目
アパート　賃料収入	4,798	19,192	23,031	22,091	21,170	20,269	19,388	18,526
駐車場　賃料収入	0	0	0	0	0	0	0	0
借入金　銀行借入	72,000	0	0	0	0	0	0	0
	0	0	0	0	0	0	0	0
自己資金	3,100	0	0	0	0	0	0	0
収入項目計	79,898	19,192	23,031	22,091	21,170	20,269	19,388	18,526
銀行借入　借入返済	2,849	11,395	14,438	14,064	14,740	14,845	14,917	14,954
	0	0	0	0	0	0	0	0
固定資産税および都市計画税	319	1,232	1,373	1,194	992	822	716	643
管理費	264	1,056	1,267	1,215	1,164	1,115	1,066	1,019
修繕積立金	102	408	510	510	510	510	510	510
火災保険料	178	178	178	178	178	178	178	178
初期費用　土地	33,300	0	0	0	0	0	0	0
建物	27,400	0	0	0	0	0	0	0
水道加入金および引込工事代金	1,320	0	0	0	0	0	0	0
諸経費	2,902	0	0	0	0	0	0	0
支出項目計	78,634	14,269	17,765	17,700	17,585	17,469	17,387	17,304
差引収支	1,264	4,923	5,266	4,390	3,586	2,800	2,001	1,223
収支累計（キャッシュフロー）	1,264	6,187	11,453	15,844	19,429	22,229	24,230	25,453

＝収支シミュレーション②＝

土地を購入してアパート経営

▶物件概要

ー土地ー

所在	朝倉市甘木庄屋街●ー●ー●
土地面積	約229.8m^3(69.50坪)
用途地域	商業地域
建ぺい率	80%
容積率	400%
道路	公道

ー建物ー

タイプ	3階建て・1LDK(福岡)新福岡単価
構造	木造サイディング造　準耐火構造3階建
間取り	1LDK
ガス	プロパン集中
上水道	公営水道
下水道	公共下水

ーローン利用期間ー

月々予定利益	133,080円
年間予定利益	1,596,960円

＝収支シミュレーション②＝

ー物件価格 5,187万円(税込)ー

土地価格	1,210万円　@17.41万円/坪
建物価格	3,845万円(税込) 本体工事価格 3,495万円 消費税 350万円
水道工事代金	132.00万円(税込)
諸経費	123.5万円(税込) 登記料・火災保険料・ローン手数料・他
総事業費	5,310万円(税込)

表面利回り 8.42%

上記の表面利回りは諸経費・消費税を控除した金額により算出致しております。

投資利回り 139.6%

自己資金額により変動。ローン返済差引き後の年間予定収益÷投入自己資金額で算出します。

年間収入予定 396万円

▶資金計画

自己資金	130万円
ローン借入合計	5,180万円

ー月額家賃収入予定ー

①平均家賃	55,000円(戸)×6戸 ＝	月々の賃料収入
②駐車場	0円(台) × 0台	330,000円

ー月額ローン返済額ー

5,180万円借入 30年返済	月々返済額	178,770円 団信保険付 1.5%	月々ローン返済 178,770円

＝収支シミュレーション②＝

▶資金収支（キャッシュフロー）シミュレーション

単位:千円

項目名	初年度	2年目~ 5年目	6年目~ 10年目	11年目~ 15年目	16年目~ 20年目	21年目~ 25年目	26年目~ 30年目	31年目~ 35年目
アパート　賃料収入	3,881	15,523	18,628	17,868	17,123	16,394	15,682	15,682
駐車場　賃料収入	0	0	0	0	0	0	0	0
借入金　銀行借入	51,800	0	0	0	0	0	0	0
	0	0	0	0	0	0	0	0
自己資金	1,300	0	0	0	0	0	0	0
収入項目計	56,981	15,523	18,628	17,868	17,123	16,394	15,682	15,682
銀行借入　借入返済	2,145	8,581	10,853	10,956	11,035	11,089	11,117	0
	0	0	0	0	0	0	0	0
固定資産税および都市計画税	295	1,133	1,244	1,060	853	678	569	495
管理費	213	854	1,025	983	942	902	862	862
修繕積立金	105	419	524	524	524	524	524	524
火災保険料	0	0	0	0	0	0	0	0
初期費用　土地	12,100	0	0	0	0	0	0	0
建物	38,445	0	0	0	0	0	0	0
水道加入金および引込工事代金	1,320	0	0	0	0	0	0	0
諸経費	1,235	0	0	0	0	0	0	0
支出項目計	55,858	10,987	13,645	13,523	13,355	13,193	13,073	1,881
差引収支	1,123	4,536	4,982	4,344	3,768	3,201	2,608	13,800
収支累計（キャッシュフロー）	1,123	5,659	10,641	14,985	18,753	21,954	24,563	38,363

おわりに

これから不動産投資を始める人は特にですが、不動産投資を「事業」と認識して臨んでください。賃貸経営＝事業に取り組むのと同じということです。

事業が成功するか否かは経営者である皆さんの手腕にかかっています。不動産投資、賃貸経営で成功するには、「優秀な経営者」になることが求められるのです。

経営者はビジネスのさまざまな場面で判断と決断を迫られます。不動産投資、賃貸経営においてもそれは変わりません。

たとえば、次のような場面です。

・不動産を持つという選択
・不動産収入を維持させる選択
・不動産を売るという選択

いずれも重要な判断と決断が必要となり、どんな判断と決断をするかによって明暗は分かれます。

不動産投資、賃貸経営の判断と決断を迫られる場面で、正しい選択をするのは容易ではありません。初心者の場合はなおさらでしょう。

そこで不可欠なのが、不動産会社の存在です。優秀な経営者には側近として有能な右腕がいるように、心強いパートナーが必要になります。

問題は不動産会社の見極めです。

ポイントは、先の３つの場面に即したサポートをしてくれるかどうか。すなわち、不動産の「仕入れ」「維持」「販売」に強い会社を選ぶことが大切になります。

実は私自身、30代のときに福岡県内の物件に投資した際、不動産会社選びを失敗して苦い経験をしました。

物件は価格９１００万円の中古アパート。購入時の賃料１１０万円、利回り12・１％（満室賃料１３０万円、満室時想定利回り14・３％）だったのですが、いざ賃貸経営を開始すると、実際の手取り収入81・2万円、利回り8・9％というかけ離れた状態でした。
失敗を感じたのは中古アパート購入直後からです。1部屋、2部屋と少しずつ空室が目立ち始め、入居者募集をお願いしてもなかなか埋まらない。そのうち賃料を滞納する住人が次々出て回収もなかなか進まない。パートナー選びを間違えたがゆえの大幅な利回り悪化だったわけです。

そんな失敗を多くの人にさせないために、私たちの会社では、

・入居率の上がる立地選定、物件づくり
・入居率維持のシステムの構築
・売却時のサポート体制の充実

これらに力を注ぎ、構築してきました。不動産の購入から管理、売却までをワンストップで担い、サービスの内容、質は同業他社を圧倒的に上回るものと自負しています。

私たちグリードは、福岡の不動産投資において投資家の方々の最強のパートナーになることをお約束します。お客様一人ひとりのニーズにお応えすることが、私たちの使命です。福岡の地でともに躍進しましょう！

最後になりましたが、この度の新型コロナウイルス感染症に罹患された方々に謹んでお見舞い申し上げますとともに、一日も早いご回復、収束を心よりお祈り申し上げます。

２０２０年10月

株式会社グリード　代表取締役　齋藤隆行

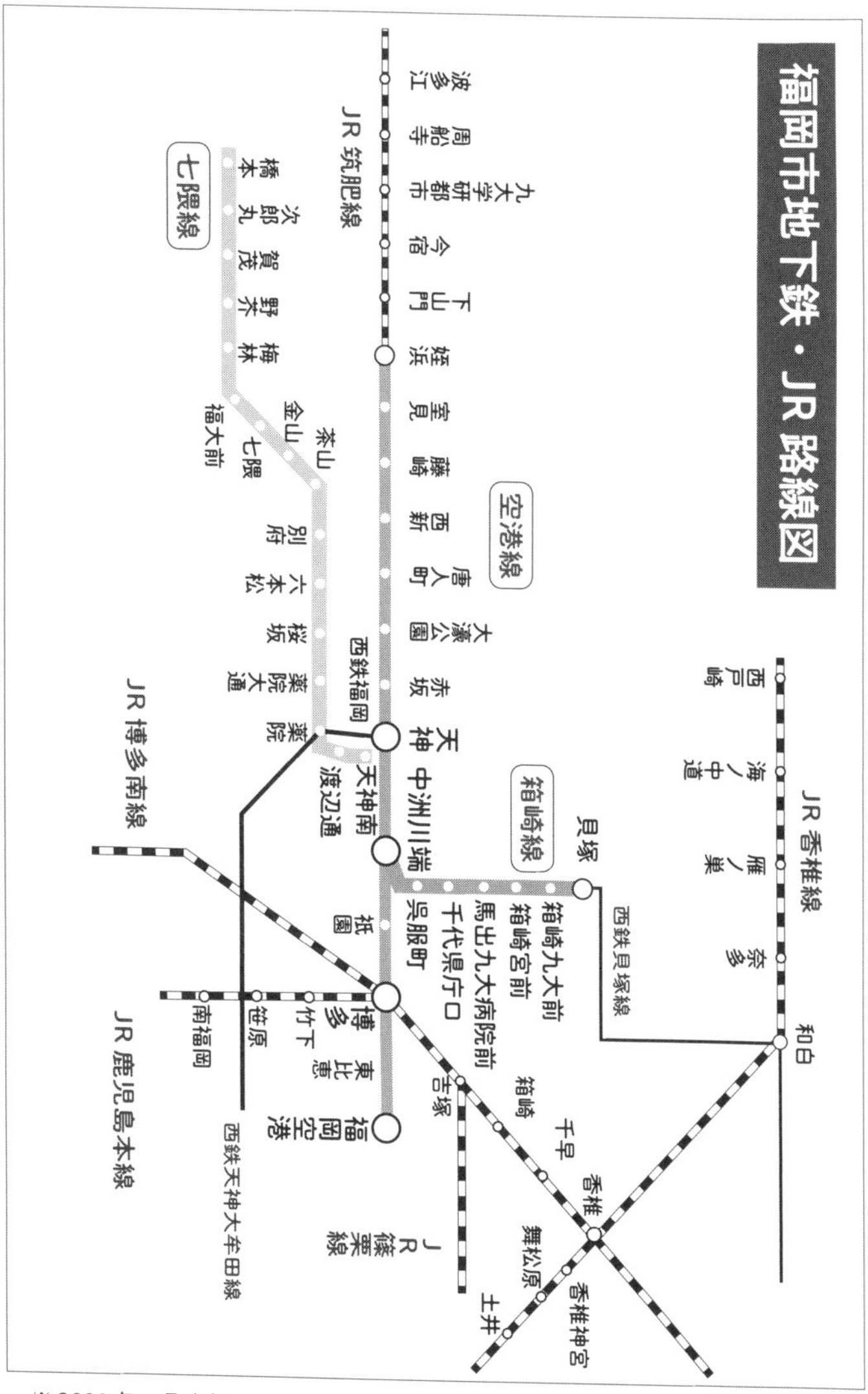
福岡市地下鉄・JR路線図
JR筑肥線
波多江
周船寺
九大学研都市
今宿
下山門
姪浜
空港線
室見
藤崎
西新
唐人町
大濠公園
赤坂
天神
中洲川端
祇園
博多
東比恵
福岡空港
七隈線
橋本
次郎丸
賀茂
野芥
梅林
福大前
七隈
金山
茶山
別府
六本松
桜坂
薬院大通
薬院
渡辺通
天神南
西鉄福岡
箱崎線
呉服町
千代県庁口
馬出九大病院前
箱崎宮前
箱崎九大前
貝塚
西鉄貝塚線
JR香椎線
西戸崎
海ノ中道
雁ノ巣
奈多
和白
香椎
舞松原
香椎神宮
土井
千早
箱崎
吉塚
JR篠栗線
JR博多南線
竹下
笹原
南福岡
JR鹿児島本線
西鉄天神大牟田線

※ 2020 年 9 月時点

現金《げんきん》資産《しさん》1億円《おくえん》超《ご》えへの道《みち》のり

2020年12月15日　初版第1刷

著　者……………… 齋藤隆行《さいとうたかゆき》

発行者……………… 松島一樹

発行所……………… 現代書林

〒162-0053 東京都新宿区原町3-61 桂ビル

TEL／代表03（3205）8384　振替00140-7-42905

http://www.gendaishorin.co.jp/

編集協力 …………百瀬康司、桑田篤（株式会社グラシア）

デザイン ……………岩泉卓屋（IZUMIYA）、株式会社グラシア

印刷・製本（株）シナノパブリッシングプレス

乱丁・落丁本はお取り替えいたします。

定価はカバーに
表示してあります。

ISBN978-4-7745-1879-4 C0034